ÉTUDES

Les repères

Les filières

Mon parcours

EMPLOI

Mes débuts

W0403084

GUIDE PRATIQUE

MODE D'EMPLOI

Pour mieux se repérer entre les différentes parties de ce « Parcours ».

MÉTIERS

17 pros racontent leur métier.

Pour aller plus loin, des rubriques :
- Quel salaire ?
- Ça recrute ?
- Quels débuts ?
- Quelles études ?

De A à Z, tous les métiers du secteur en fiches.

Retrouvez tous les mots soulignés expliqués dans le lexique.

ÉTUDES

Filière par filière, retour sur l'essentiel à savoir.

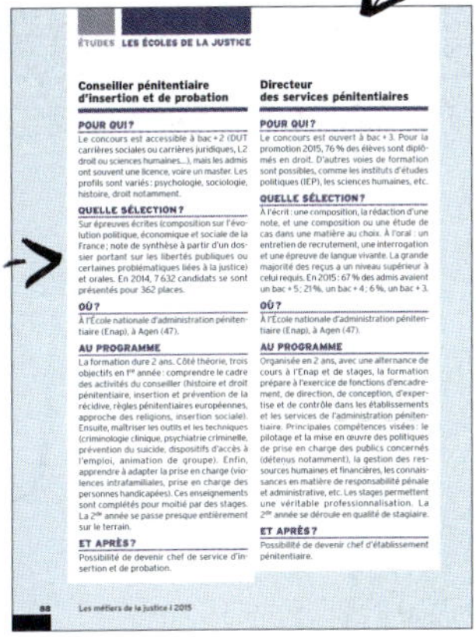
ÉTUDES LES ÉCOLES DE LA JUSTICE

Conseiller pénitentiaire d'insertion et de probation

Directeur des services pénitentiaires

En complément, nos réponses à vos questions les plus fréquentes et des fiches diplômes.

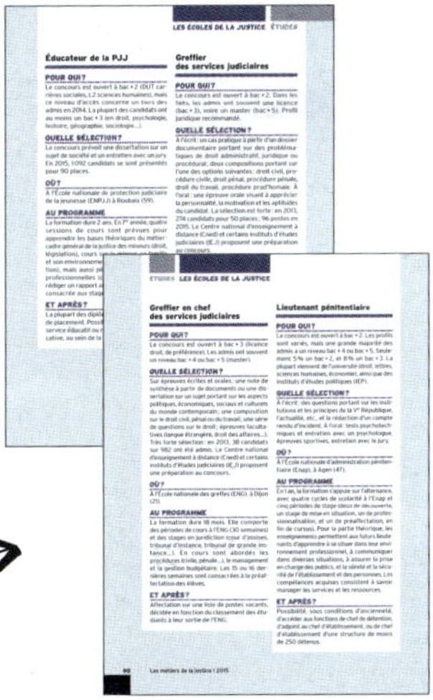
LES ÉCOLES DE LA JUSTICE ÉTUDES

Éducateur de la PJJ

Greffier des services judiciaires

Greffier en chef des services judiciaires

Lieutenant pénitentiaire

EMPLOI

En un clin d'œil, le panorama des entreprises et de ce qu'il faut retenir sur l'emploi dans ce secteur.

LES EMPLOYEURS DU SECTEUR

TRIBUNAUX

CABINETS ET ÉTUDES

SERVICES PÉNITENTIAIRES

POLICE NATIONALE

GENDARMERIE NATIONALE

PJJ

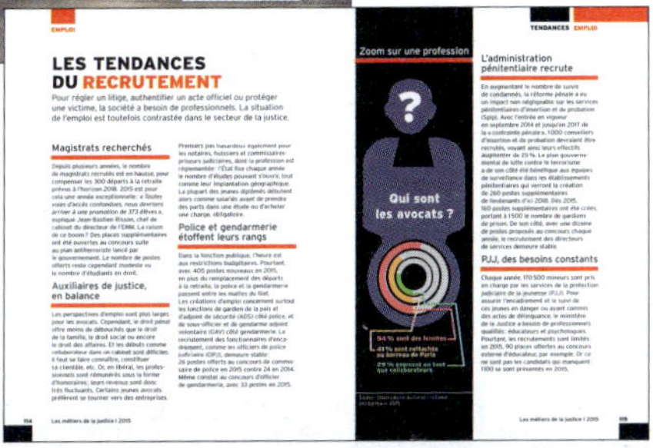
LES TENDANCES DU RECRUTEMENT

Magistrats recherchés

Auxiliaires de justice, en balance

Police et gendarmerie étoffent leurs rangs

L'administration pénitentiaire recrute

PJJ, des besoins constants

Zoom sur une profession

Qui sont les avocats ?

GUIDE PRATIQUE

- *Le carnet d'adresses avec la liste de toutes les formations ;*
- *lexique ;*
- *index.*

GUIDE PRATIQUE

CARNET D'ADRESSES DES FORMATIONS

Toute l'info sur les formations et les établissements est mise à jour sur www.onisep.fr.

LES DESSOUS D'UNE AFFAIRE JUDICIAIRE

Braquage dans une bijouterie. Le voleur s'est enfui avec un million d'euros de marchandises. Finalement arrêté, il sera jugé puis écroué. Entre-temps, nombre de professionnels auront contribué à résoudre l'affaire et à faire appliquer la loi.

1 Scène de crime

Alertés, des **policiers** (dont un officier obligatoirement) se rendent sur place pour constater les faits. Le bijoutier a été frappé, un **médecin légiste** attestera de ses blessures. Des **techniciens de la police scientifique** relèvent les indices, emportent l'enregistrement vidéo. L'affaire est déférée au **parquet**.

2 Enquête de police

L'affaire est complexe : le **substitut du procureur** saisit un **juge d'instruction** pour diriger l'enquête. Au commissariat, les **lieutenants de police** auditionnent la victime et les témoins. Les images de la caméra et les échantillons ADN sont analysés au laboratoire. Au vu des éléments, un suspect est mis en examen.

3 Garde à vue

Le **juge d'instruction** ordonne la perquisition du domicile. Les **policiers** y retrouvent des bijoux de valeur et une arme à feu. Au regard des faits, le suspect est arrêté et placé en garde à vue. L'**avocat** est appelé pour s'entretenir avec son client, prendre connaissance des charges qui pèsent sur lui, et l'assister pendant l'interrogatoire.

4 Instruction

Le **juge d'instruction** dispose d'un dossier avec les preuves réunies lors de l'enquête. Il convoque au tribunal la personne mise en cause pour l'entendre sur les faits. Garant des droits du suspect, l'**avocat** est présent et peut intervenir. Le **greffier** consigne l'intégralité des propos échangés lors de l'interrogatoire.

5 Inculpation

À l'issue de l'instruction, la personne est inculpée. Le **juge des libertés et de la détention** décide de la mise en détention provisoire. Le **juge d'instruction** renvoie le dossier à la juridiction compétente : l'affaire comportant des coups et blessures et un montant élevé de préjudices, elle sera jugée en cour d'assises.

6 Cour d'assises

Aux assises, c'est un jury composé de citoyens (les jurés) qui prend les décisions. Trois **magistrats** les aident à comprendre les actes et la procédure. L'accusation est soutenue par un magistrat du parquet : l'**avocat général**. La défense est représentée par l'**avocat**. Le **greffier** d'audience retranscrit tous les débats.

7 Procès

À la barre sont auditionnés tour à tour l'accusé, les témoins, la victime, les experts. Finalement, le **parquet** requiert une peine (emprisonnement, amende...) à l'encontre de l'accusé. Puis, l'**avocat** plaide pour sa défense. Les jurés s'isolent pour délibérer. L'accusé est déclaré coupable à la majorité. Sa peine lui est signifiée.

8 Emprisonnement

Tenu de payer des dommages et intérêts et d'effectuer de la prison ferme, le condamné est immédiatement conduit par des **policiers** vers le centre de détention désigné. Il y est pris en charge par des **lieutenants pénitentiaires** qui le dirigent vers une cellule. Le **directeur des services pénitentiaires** le recevra plus tard.

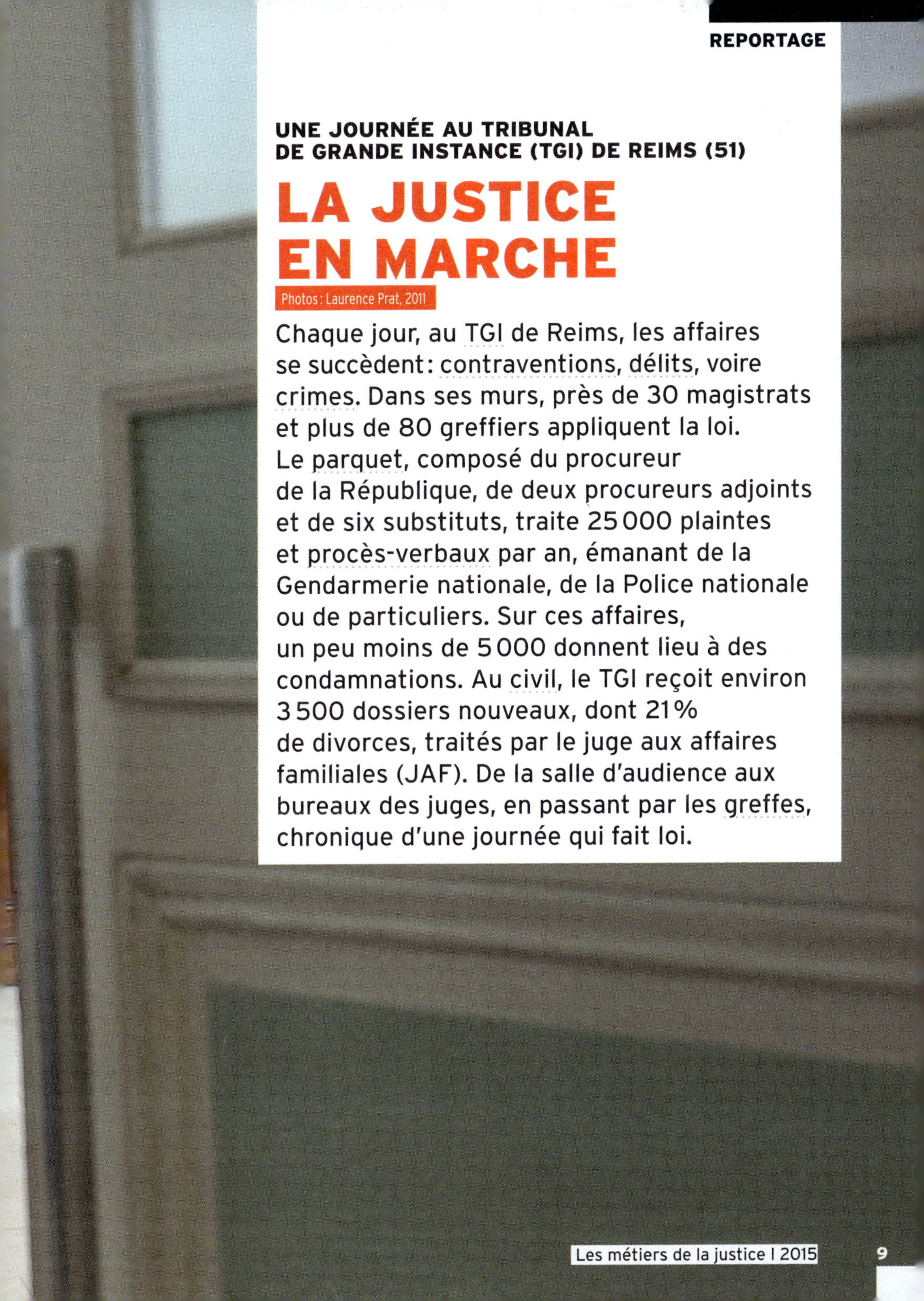

UNE JOURNÉE AU TRIBUNAL DE GRANDE INSTANCE (TGI) DE REIMS (51)

LA JUSTICE EN MARCHE

Photos : Laurence Prat, 2011

Chaque jour, au TGI de Reims, les affaires se succèdent : contraventions, délits, voire crimes. Dans ses murs, près de 30 magistrats et plus de 80 greffiers appliquent la loi. Le parquet, composé du procureur de la République, de deux procureurs adjoints et de six substituts, traite 25 000 plaintes et procès-verbaux par an, émanant de la Gendarmerie nationale, de la Police nationale ou de particuliers. Sur ces affaires, un peu moins de 5 000 donnent lieu à des condamnations. Au civil, le TGI reçoit environ 3 500 dossiers nouveaux, dont 21 % de divorces, traités par le juge aux affaires familiales (JAF). De la salle d'audience aux bureaux des juges, en passant par les greffes, chronique d'une journée qui fait loi.

LA CORRECTIONNELLE

9 h, **M. Dufourd, juge**, préside l'audience. 27 affaires vont se succéder jusqu'à midi. Violences, conduite en état d'ivresse, prostitution... les prévenus défilent à la barre, accompagnés de leurs avocats. Impassible, le juge énonce les faits et invite les prévenus à s'exprimer. Certains ont du mal à trouver leurs mots, d'autres s'affirment. *« J'essaie de faire tout ce qu'il faut pour m'en sortir »*, se défend un homme multirécidiviste poursuivi pour conduite en état d'ivresse. *« La voiture, c'est mon outil pour aller travailler ! »* M. Dufourd écoute, puis donne la parole à **Mme Trombi, substitute du procureur**, qui se lève pour son réquisitoire. C'est ensuite au tour de l'avocat de faire sa plaidoirie. Ce n'est qu'après les avoir entendus tous les trois que le juge rendra son jugement. ■

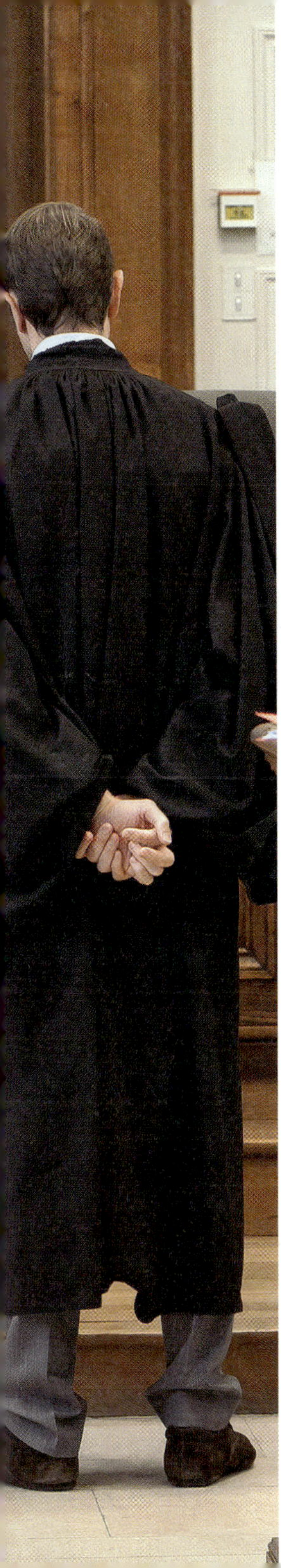

L'avocate Adélaïde Kadiyogo (à droite) est ici pour défendre une personne qui a pris le volant en état d'ébriété. Ce matin, un autre de ses clients l'attend au civil, à l'étage, pour obtenir des dommages et intérêts suite à des violences. *« Je fais la navette entre les deux salles pour savoir quand mes clients vont passer devant le juge. En arrivant le matin, je ne sais pas à quelle heure je vais repartir.»* Dans la salle, l'agitation est permanente. Avocats et prévenus entrent et sortent. ■

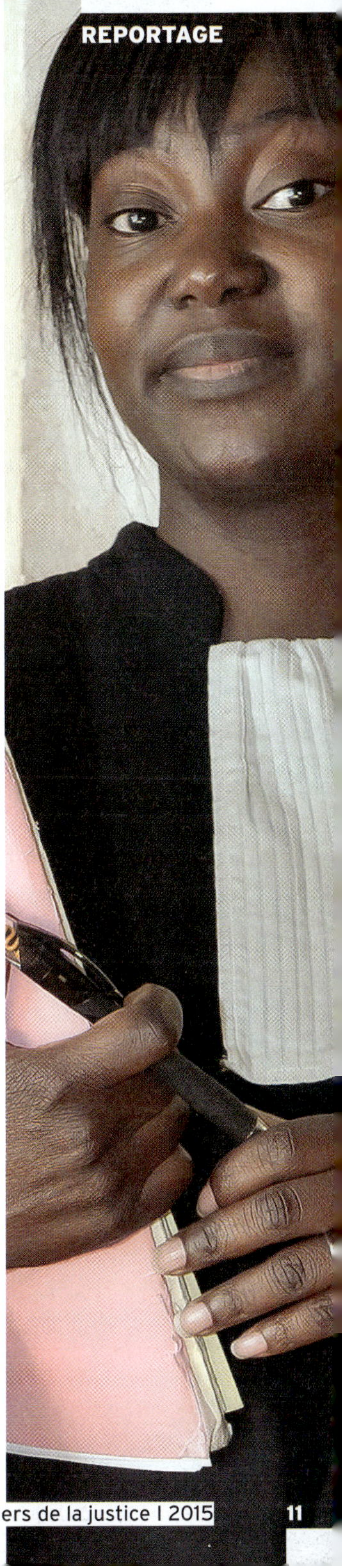

LE PARQUET

À l'origine de tout procès, il y a le parquet, composé du procureur de la République et de ses substituts. **Sixtine du Crest, substitute**, est chargée de décider de poursuivre ou non une personne devant la justice, au vu des éléments de l'enquête de police. *« À l'audience, mon rôle est de défendre les intérêts de la société et de requérir une peine contre l'accusé. La semaine dernière, j'étais aux assises pour une histoire de viol aggravé. »*

LES GREFFES

À l'étage, la mémoire du tribunal, les greffes. Au service des majeurs protégés, le nombre de dossiers entreposés donne le vertige… plus de 3500 ! Et ce n'est qu'une toute petite partie des greffes. *« Je gère en moyenne une vingtaine de dossiers par jour, j'accueille les personnes qui veulent déposer une requête et je réponds à une quarantaine d'appels. J'assiste également le juge lors des audiences »*, explique **Sylvie de Punzio, greffière.** Mais impossible d'en savoir plus sur les affaires en cours… les greffiers prêtent serment et sont tenus au secret professionnel. ■

LE SIÈGE

Juge aux affaires familiales (JAF), Émilie Couëffeur fait partie du siège, qui regroupe les magistrats chargés de rendre la justice. Elle sort de 3 heures d'audience de divorce. *« Même si certaines situations sont difficiles, notre quotidien n'est pas fait que de souffrance. Il y a des réconciliations parfois. »* Elle se prépare ensuite pour les comparutions immédiates prévues cet après-midi. *« Mettre la robe me procure toujours une certaine fierté. Elle permet de gommer les différences. À l'audience, je ne suis plus une femme, je suis une juge. La robe impose une présence dans la salle et permet aux prévenus de m'identifier comme celle qui rend la justice. »*

COMPARUTIONS IMMÉDIATES

15 h. Les trois juges entrent en scène. *« Il y a des comparutions immédiates quasiment tous les jours ici. C'est le procureur qui décide de lancer ou non cette procédure. Il le fait s'il estime par exemple qu'il y a eu un trouble grave à l'ordre public ou si la personne a déjà un casier judiciaire »*, explique Émilie Couëffeur. L'audience a lieu au même endroit que ce matin. La salle est déserte, l'ambiance plus tendue. Les prévenus, encadrés par des policiers ou des gendarmes, sont assis sur le banc des accusés, et sont défendus par des avocats « commis d'office ». Après 1 h 30 d'audience, **Laurent De Cagny, procureur adjoint**, sort de la salle, le temps que les juges délibèrent. *« Il ne faut pas avoir une vision fantasmée du métier. Être magistrat, c'est aussi juger les affaires du quotidien »*, explique-t-il avec théâtralité.

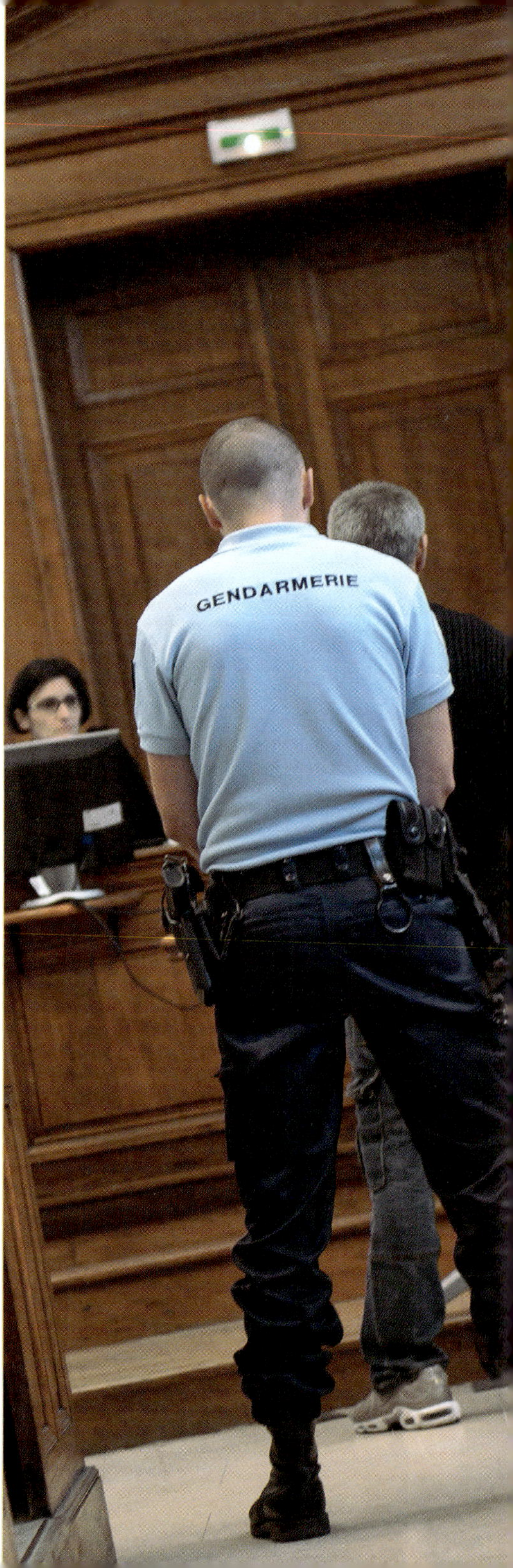

La salle des pas perdus s'est vidée. Dans les couloirs, le calme a repris ses droits. Soudain, le procureur adjoint rejoint la salle d'audience. Les juges vont rendre leur verdict. Laissons justice se faire… ■

onisep
mon orientation en ligne.fr
DES CONSEILLERS EN LIGNE PAR MAIL TCHAT ET TÉLÉPHONE
L'Onisep et ses conseillers/ères répondent à vos questions sur l'orientation, les formations et les métiers.
TÉLÉPHONE
01 7777 12 25
10 h - 20 h
Du lundi au vendredi
10 h - 20 h
Du lundi au vendredi
TCHAT
MAIL
7j/7
BOITE À OUTILS
Retrouvez aussi monorientationenligne sur votre mobile et téléchargez l'appli
mon orientation en ligne.fr
onisep
MINISTÈRE DE L'ÉDUCATION NATIONALE, DE L'ENSEIGNEMENT SUPÉRIEUR ET DE LA RECHERCHE
L'école change avec le numérique
#EcoleNumerique

MÉTIERS

LES MÉTIERS EN 4 FAMILLES

Au tribunal, dans une étude, un commissariat ou une prison, divers professionnels assurent le bon déroulement de la justice. Zoom sur une trentaine de métiers, par lieux d'exercice.

TRIBUNAL

Les subtituts du procureur poursuivent les auteurs d'infractions et réclament ensuite des peines à leur encontre. Après avoir entendu les avocats chargés de défendre les justiciables, les juges décident de la culpabilité des prévenus et des peines éventuelles. Les greffiers sont chargés du bon déroulement de la procédure et de la tenue des dossiers.

- **Avocat/e**
- **Avocat/e d'affaires**
- **Avocat/e général/e**
- **Greffier/ère des services judiciaires**
- **Greffier/ère des tribunaux de commerce**
- **Greffier/ère en chef des services judiciaires**
- **Juge administratif**
- **Juge aux affaires familiales**
- **Juge d'instance**
- **Juge d'instruction**
- **Juge de l'application des peines**
- **Juge des enfants**
- **Juge des libertés et de la détention**
- **Procureur/e de la République**
- **Substitut/e du procureur**

ÉTUDE

Achat ou vente d'un appartement, contrat de mariage, héritage, divorce, convocation au tribunal, saisie, vente de biens d'une entreprise en faillite, recouvrement de dettes... autant de situations qui nécessitent l'intervention des officiers publics et ministériels. Ces professionnels sont titulaires d'une charge et prêtent serment auprès du garde des Sceaux pour pouvoir exercer.

- **Clerc d'huissier**
- **Collaborateur/trice de notaire**
- **Commissaire-priseur/euse judiciaire**
- **Huissier/ère de justice**
- **Notaire**

Retrouvez la descritpion des acteurs d'un procès p. 22.

© JORG HACKEMANN / FOTOLIA.COM

Ces métiers sont ouverts aux filles et aux garçons.

COMMISSARIAT ET GENDARMERIE

Assurer la sécurité des citoyens et le respect de l'ordre public, contribuer à résoudre des affaires, apporter une expertise technique et scientifique... ces fonctionnaires exercent des métiers au service de la justice. En prise directe avec le terrain et au contact de la population, ils doivent faire preuve de sang-froid et savoir travailler en équipe.

- **Commissaire de police**
- **Expert/e judiciaire**
- **Gendarme enquêteur/trice**
- **Interprète judiciaire**
- **Lieutenant/e de police**
- **Médecin légiste**
- **Technicien/ne de la police technique et scientifique**
- **Traducteur/trice assermenté/e**

PRISON

Qu'ils s'occupent de jeunes délinquants ou d'adultes condamnés par la justice, en prison ou en milieu ouvert, ces professionnels assurent une grande variété de missions : surveillance, encadrement, accompagnement, suivi psychologique. Leurs principales qualités ? Un bon relationnel et un sens aigu des responsabilités.

- **Conseiller/ère pénitentiaire d'insertion et de probation**
- **Directeur/trice des services pénitentiaires**
- **Éducateur/trice de la protection judiciaire de la jeunesse (PJJ)**
- **Lieutenant/e pénitentiaire**
- **Psychologue de la protection judiciaire de la jeunesse (PJJ)**

AU PROCÈS, QUI FAIT QUOI ?

Lors d'un procès en France, de nombreux professionnels ont un rôle à jouer, avant, pendant et après l'audience. Qui sont-ils ? Quel est leur rôle ? Comment les distinguer ?

Accusé ou prévenu ?

Le prévenu a commis une infraction moins grave que l'accusé qui, lui, a commis un crime.

Siège ou parquet ?

Les magistrats du parquet (les procureurs de la République et leurs substituts) sont chargés de la poursuite pénale auprès des tribunaux de grande instance.

Les magistrats du siège (les juges) rendent la justice et décident des peines (amendes, travaux d'intérêt général, prison, etc.).

Acteurs du procès ?

Il y a d'un côté les professionnels de la justice : les avocats, les policiers chargés de l'enquête, les magistrats, les greffiers, les experts, etc.

De l'autre, les victimes, qui peuvent s'être portées parties civiles, les témoins, et les prévenus, qui sont présumés innocents jusqu'à ce que la décision de justice soit rendue.

Les magistrats

« L'audience est ouverte, vous pouvez vous asseoir. » C'est par ces mots que commence tout procès, présidé par un juge. Celui-ci expose les faits reprochés au prévenu, le questionne, puis donne la parole aux différents acteurs qui sont invités à se présenter à la barre. Les différentes pièces résultant de l'instruction (preuves, documents, etc.) fournies sont présentées à toutes les parties (le prévenu et son avocat, et la parties civiles). Après avoir entendu tous les acteurs, le juge rend la justice.

Le substitut du procureur représente les intérêts de la société. On le reconnaît dans la salle à sa posture debout. Il est celui qui requiert une peine à l'encontre du prévenu. Proposition que suivra ou non le juge. Lors d'un procès en cour d'assises, ce rôle est celui de l'avocat général face au jury.

Le greffier

« Script » des audiences, le greffier est chargé de retranscrire les débats et de noter les déclarations des personnes à la demande des avocats, du juge ou du substitut du procureur. Aucun procès ne peut se tenir sans lui.

© LARENCE PRAT / ONISEP

Les avocats

Les avocats sont présents à l'audience pour défendre leurs clients. Ils peuvent plaider aussi bien en faveur d'un prévenu que d'une victime. Ils peuvent être commis d'office dans certains dossiers, notamment en comparution immédiate, c'est-à-dire désignés et non choisis par les justiciables.

Les gendarmes et les policiers

Les prévenus qui étaient en détention provisoire sont accompagnés au tribunal par des gendarmes ou des policiers. Ceux-ci peuvent être présents lors des audiences. Ils sont chargés d'assurer la sécurité et d'encadrer les prévenus.

Plaidoirie ou réquisitoire ?

Les deux sont des exposés oraux. Le terme de réquisitoire est réservé à l'avocat général ou au substitut du procureur, alors que les plaidoiries sont menées par les avocats. Cependant, ils ont lieu au même moment du procès, entre la fin des débats et le début du délibéré.

Contravention, délit, crime ?

Une infraction est un comportement interdit par la loi et passible de sanctions pénales. On distingue trois catégories d'infraction : contraventions, délits et crimes. Pour les crimes, les accusés sont jugés en cour d'assises par des jurés (des citoyens appelés à exercer ce devoir civique). Pour les délits, les prévenus sont jugés par un tribunal de police ou un tribunal correctionnel.

AVOCAT PÉNALISTE

© DR

Denis Fayole,
avocat pénaliste
au barreau
de Marseille (13)

« Au pénal, rien n'est joué avant : tout se joue lors de l'audience ! »

Le métier de Denis ? Défendre les auteurs présumés d'actes interdits par la loi. *« Cela peut aller de l'infraction au code de la route jusqu'aux crimes très graves comme le mari qui tue l'amant de sa femme… »* Autre pan de son activité : le droit pénal des affaires. L'avocat défend alors les représentants d'entreprises qui auraient commis des actes contraires à la loi (fraudes fiscales, « travail au noir », etc.).

Des semaines bien remplies. Rencontrer ses clients en prison, les recevoir à son bureau lorsqu'ils sont en liberté, préparer une plaidoirie puis plaider au tribunal, discuter avec les juges ou les policiers pour faire le point sur une affaire… Denis mène de front plusieurs dossiers. *« Il faut avoir une bonne condition physique pour exercer ce métier : on est toujours sur le qui-vive et en déplacement. »*

L'humain en première ligne. Denis est un juriste qui excelle en droit pénal. Mais, *« pour faire cette profession, la première des qualités, c'est de s'intéresser aux autres, de les aimer… Sinon, on ne peut pas les défendre »*. Il doit être à l'écoute, et établir avec son client une relation sincère, *« même s'il a commis un acte horrible »*.

S'adapter en permanence. Le quotidien de Denis est jalonné d'imprévus. *« Les policiers peuvent me téléphoner à tout moment pour que je vienne assister une personne qui vient d'être mise en garde à vue. »* Les audiences apportent également leur lot de surprises : un témoin qui se rétracte, le prévenu qui se montre sous un jour étonnant, le procureur qui apporte des éléments nouveaux… *« L'avocat pénaliste doit s'adapter en permanence parce que, au pénal, rien n'est joué avant : tout se joue lors de l'audience ! »*

Quel salaire ?

Les rémunérations varient beaucoup selon l'activité, la localisation du cabinet et sa renommée. Rien de comparable entre les gains parfois très élevés d'un avocat d'affaires chevronné exerçant dans un grand cabinet parisien et les revenus modestes (environ 2 000 € brut par mois) de la plupart des débutants.

Ça recrute ?

Même s'ils attirent beaucoup d'élèves avocats, le droit de la famille et le droit pénal offrent peu de débouchés. Parmi les domaines porteurs : le droit social, le droit des affaires, le droit fiscal, le droit communautaire et le droit lié aux technologies de l'information (Internet).

Quels débuts ?

La plupart des jeunes avocats commencent leur carrière en tant que collaborateurs d'un avocat ou au sein d'un cabinet d'avocats. Ce n'est qu'après plusieurs années d'expérience qu'ils exercent à titre individuel ou en tant qu'associés au sein d'un cabinet *(lire le témoignage d'Amandine p. 116)*.

Quelles études ?

Les avocats sont formés dans l'une des 12 écoles des avocats (EDA) qui recrutent sur examen d'entrée (très sélectif) avec au moins un master 1 (M1) en droit. Beaucoup de candidats ont un M2 (bac + 5).

Après le bac en 6 ans

- À l'université, les études de droit commencent par la licence (en 3 ans après le bac) et se poursuivent en master (en 2 ans). La 1re année de master (M1) validée permet de se présenter à l'examen d'entrée en EDA.
- La formation professionnelle dure 18 mois : 6 consacrés aux cours théoriques, 6 à un projet pédagogique individuel, 6 en stage dans un cabinet d'avocats. À l'issue de la formation, les étudiants passent un examen d'aptitude en vue d'obtenir le certificat d'aptitude à la profession d'avocat (CAPA), obligatoire pour exercer.

À noter

L'examen étant très sélectif, il est conseillé de s'inscrire dans un institut d'études judiciaires (IEJ). Rattachés aux universités, ces instituts proposent une préparation aux épreuves, en parallèle du master.

Retrouvez les études p. 95.

GREFFIER DES SERVICES JUDICIAIRES

© DR

Arnaud Borg,
greffier des services judiciaires à la cour d'appel de Paris

« Il y a une réelle solidarité entre les greffiers. C'est un vrai travail d'équipe ! »

Le greffe de la cour d'appel de Paris comprend de nombreux services. Chacun assure une mission précise : enregistrer les affaires, prévenir les parties (l'accusation et la défense) des dates d'audience, préparer les dossiers pour les magistrats... Arnaud travaille au service dit « de l'exécution des peines », et intervient donc après l'audience.

Garantir la procédure. À ce poste, le rôle du greffier est double : authentifier les décisions de justice et les faire appliquer. *« Si untel a été condamné à une amende*, explique Arnaud, *je m'assure d'abord que les règles de la procédure ont bien été respectées. Dans le cas contraire, il sera difficile d'exécuter l'arrêt. Puis j'avertis le Trésor public qui sera chargé de recouvrer la somme due. »* Selon les cas, Arnaud collabore avec divers acteurs : l'administration pénitentiaire, la police, le Trésor public...

User de pédagogie. Si l'activité varie au quotidien, le travail ne manque pas. La motivation est alors essentielle : *« Il y a des jours où je traite une dizaine de dossiers. D'autres, seulement deux ou trois. Cela dépend de la complexité de chacun ! »* En suivant ses dossiers, Arnaud est amené à rencontrer les justiciables afin de leur expliquer la procédure, la décision et les recours possibles : *« Je suis le traducteur des jugements : il me faut user de pédagogie, car le vocabulaire judiciaire est complexe. »*

Échanger. Un dossier difficile à gérer, un autre « en souffrance » parce qu'on ne connaît pas l'adresse du justiciable... *« Dès que je suis confronté à un problème, je peux demander de l'aide à mes collègues. Je peux aussi faire appel aux magistrats et au greffier en chef qui se montrent disponibles. C'est un vrai travail d'équipe et j'apprécie beaucoup cet aspect. »*

Quel salaire ?

Fonctionnaire, un greffier est rémunéré selon une grille comprenant différents échelons relatifs à l'ancienneté.
Le salaire est de 1700 € brut par mois (hors primes) en début de carrière et peut atteindre 2500 € à la fin de celle-ci.

Ça recrute ?

Chaque année, le nombre de postes proposés au concours d'entrée à l'École nationale des greffes (ENG) varie. En 2015, 93 postes ont été mis au concours.

Quels débuts ?

Avant leur affectation sur un poste, les élèves effectuent un stage de « préaffectation » (25 semaines), ce qui leur permet de connaître l'environnement de travail dans lequel ils évolueront. Ensuite, ils choisissent leur affectation sur une liste de postes vacants au sein d'un tribunal. Celle-ci sera décidée en fonction de leur classement à la sortie de l'ENG.

Quelles études ?

Les greffiers sont formés à l'École nationale des greffes (ENG) qui recrute sur concours avec un bac + 2 au minimum. Dans les faits, les élèves admis ont souvent une licence (bac + 3), voire plus, en droit.

Après le bac en 4 ans

- À l'université, les études de droit commencent par la licence (en 3 ans après le bac) et se poursuivent en master (2 ans). La 2e année de licence validée (L2 à bac + 2) permet de se présenter au concours d'entrée.
- Le concours étant très sélectif, il est conseillé de bien se préparer. Le Centre national d'enseignement à distance (Cned) et certains instituts d'études judiciaires (IEJ) proposent des cours ciblés.
- La formation à l'ENG dure 18 mois : 12 semaines de cours théoriques puis 32 semaines de stage au sein de greffes *(lire le parcours d'Alice p. 102)*.

À noter

Les étudiants de l'ENG sont rémunérés pendant leur formation et s'engagent à servir l'État pendant 4 ans à compter de leur titularisation.

Retrouvez les études p. 90.

JUGE D'INSTANCE

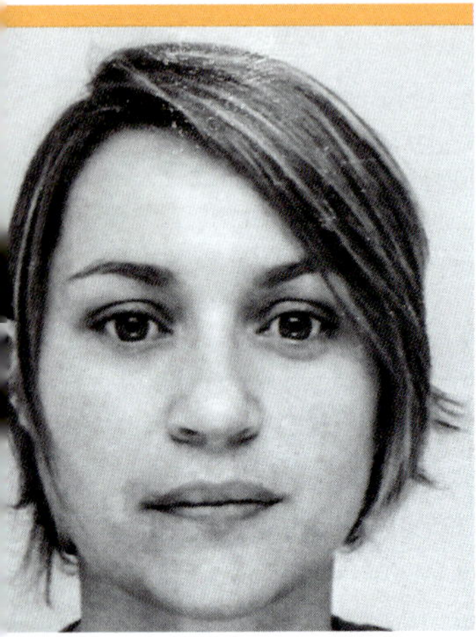

© DR

Cécile Acquaviva
juge d'instance
à Aix-en-Provence (13)

« Je ne règle pas la situation des personnes juste en étudiant leur dossier... »

Cécile a commencé sa carrière il y a 5 ans en tant que substitute du procureur. Elle est aujourd'hui juge d'instance. Et apprécie la mobilité imposée aux magistrats durant leur carrière: *« Ce que j'adore dans la magistrature, c'est que l'on peut faire différents métiers au cours de sa vie ! »*

Au cœur de l'humain. En tant que substitute du procureur, Cécile poursuivait en justice les auteurs présumés d'infractions, de délits ou de crimes. Aujourd'hui, elle rend les jugements, seule, en audience. Conflits entre particuliers (loyers impayés, travaux mal exécutés...), litiges relatifs aux crédits à la consommation... : *« Je dois être impartiale et bien analyser les faits, car je suis là au cœur de l'humain. »*

Protecteur des faibles. Un juge d'instance est aussi juge des tutelles. Il doit protéger les personnes majeures diminuées physiquement ou mentalement, et ne pouvant pas accomplir seules des actes juridiques comme la signature d'un contrat de vente. *« Prendre du recul pour bien saisir la situation personnelle et familiale de la personne est nécessaire, car je dois trouver la mesure de protection la plus adaptée à son état et à ses besoins, et apprécier quelle personne pourra défendre au mieux ses intérêts. »*

À l'écoute et pédagogue. En audience, Cécile prend le temps d'écouter les justiciables, de les comprendre et de se faire comprendre. *« Je ne règle pas la situation des personnes juste en étudiant leur dossier... »* Ainsi, en matière de tutelle, *« je dois m'adapter lors des auditions à chaque personne qui peut être très âgée ou souffrir de troubles psychiatriques »*. Et, lorsqu'elle préside une audience pour régler un litige, elle fait *« un effort de pédagogie pour expliquer le droit et les procédures »* !

Quel salaire ?

Fonctionnaire, un magistrat est rémunéré selon une grille comprenant de nombreux échelons relatifs à l'ancienneté. Un magistrat débutant perçoit environ 1900 € net par mois (hors primes).

Ça recrute ?

D'ici 2018, 1400 des 8000 magistrats actuellement en poste partiront à la retraite. Le nombre de postes au concours d'entrée à l'ENM a été augmenté en conséquence, mais la sélection demeure sévère.

Quels débuts ?

Une fois diplômés, les jeunes magistrats sont affectés à un poste selon leur rang de classement. On peut, par exemple, débuter comme juge d'instance et poursuivre sa carrière comme juge aux affaires sociales *(lire le témoignage de Stéphanie p. 117)*.

Quelles études ?

Les juges sont formés à l'École nationale de la magistrature (ENM) qui recrute sur concours à bac + 4. Dans les faits, les élèves admis ont souvent un bac + 5.

Après le bac en 7 ans

- À l'université, les études de droit commencent par la licence (en 3 ans après le bac) et se poursuivent en master (2 ans). La 1re année de master (M1) validée permet de se présenter à l'entrée de l'ENM.
- Le concours étant très sélectif, de nombreux candidats s'inscrivent dans un institut d'études judiciaires (IEJ). Rattachés à des universités, ces instituts proposent une préparation aux épreuves.
- La formation professionnelle dure 3 ans.

À noter

- Les auditeurs de justice (étudiants de l'ENM) sont rémunérés pendant leur formation et s'engagent à servir l'État pendant 10 ans à compter de leur titularisation.
- Les instituts d'études politiques (IEP), en 5 ans après le bac, sont une autre voie d'accès au concours d'entrée à l'ENM.

Retrouvez les études p. 91.

JUGE D'INSTRUCTION

© DR

Clara Grande,
juge d'instruction
à Marseille (13)

« J'examine les faits et la personnalité du justiciable mis en cause. »

Clara a commencé sa carrière en tant que juge « placée », pendant 2 ans : *« J'étais affectée au remplacement de magistrats absents, pour des raisons de maladie par exemple. J'ai pu ainsi découvrir la variété des fonctions de la magistrature. »* Elle est désormais juge d'instruction : *« Je préfère travailler en cabinet plutôt qu'en audience. Cela me permet d'avoir un contact de proximité avec les justiciables et d'aller au fond des choses. »*

En tandem avec la greffière. Son cabinet est composé de deux pièces : son bureau et celui de sa greffière, cette dernière étant chargée de tenir les dossiers et de transcrire les interrogatoires menés par Clara. Entre les deux bureaux, une porte *« qui n'est jamais fermée. J'ai la chance d'avoir une greffière avec qui je m'entends très bien. Cette complicité nous permet d'être efficaces ».*

Indépendante mais pas isolée. Clara « instruit » les affaires en toute autonomie. C'est elle qui mène l'enquête et interroge les personnes mises en cause, les témoins... L'objectif : réunir tous les éléments d'information relatifs au crime ou au délit commis. Elle délivre les mandats d'arrêt, ordonne les perquisitions, etc. Une instruction conduite avec le concours des policiers et des gendarmes qui sert ensuite de base pour rendre la justice : *« De nombreuses personnes examinent mes dossiers : les substituts du procureur, les avocats, les experts judiciaires... »*

Les faits et la personnalité. Lorsque l'enquête met en cause une personne dans une affaire criminelle, l'examen des faits ne suffit pas : *« J'essaie, lors des interrogatoires, de saisir son environnement familial et de comprendre son passage à l'acte. C'est utile à la manifestation de la vérité, et cela permet de mieux évaluer la responsabilité de la personne mise en examen. »*

Quel salaire ?

Fonctionnaire, un magistrat est rémunéré selon une grille comprenant de nombreux échelons relatifs à l'ancienneté. Un magistrat débutant perçoit environ 1900 € net par mois (hors primes).

Ça recrute ?

D'ici 2018, 1400 des 8000 magistrats actuellement en poste partiront à la retraite. Le nombre de postes au concours d'entrée à l'ENM a été augmenté en conséquence, mais la sélection demeure sévère.

Quels débuts ?

Une fois diplômés, les jeunes magistrats sont affectés à un poste selon leur rang de classement. On peut, par exemple, débuter comme juge d'instruction et passer juge des libertés et de la détention après quelques années *(lire le témoignage de Stéphanie p. 117)*.

Quelles études ?

Les juges sont formés à l'École nationale de la magistrature (ENM) qui recrute sur concours à bac + 4. Dans les faits, les élèves admis ont souvent un bac + 5.

Après le bac en 7 ans

- À l'université, les études de droit commencent par la licence (en 3 ans après le bac) et se poursuivent en master (2 ans). La 1re année de master (M1) validée permet de se présenter à l'entrée de l'ENM.
- Le concours étant très sélectif, de nombreux candidats s'inscrivent dans un institut d'études judiciaires (IEJ). Rattachés à des universités, ces instituts proposent une préparation aux épreuves.
- La formation professionnelle dure 3 ans.

À noter

- Les auditeurs de justice (étudiants de l'ENM) sont rémunérés pendant leur formation et s'engagent à servir l'État pendant 10 ans à compter de leur titularisation.
- Les instituts d'études politiques (IEP), en 5 ans après le bac, sont une autre voie d'accès au concours d'entrée à l'ENM.

Retrouvez les études p. 91.

JUGE DES ENFANTS

© DR

Stéphanie Arnaud-Mongay,
juge des enfants au tribunal de grande instance (TGI) de Paris

« Le but n'est pas de juger les parents, mais de les aider. »

Juge des enfants depuis 2 ans, Stéphanie a deux rôles majeurs : protéger les mineurs en danger, et juger les jeunes délinquants. Que le mineur soit en danger ou délinquant, il est important d'instaurer un climat de confiance. C'est pourquoi Stéphanie lui propose souvent un entretien en tête à tête. « *Cela le met en confiance et il se sent plus libre de me parler que s'il était en présence de sa famille, même s'il ne s'agit ni d'une thérapie, ni d'un entretien éducatif. Il faut avoir une grande capacité d'écoute et savoir rebondir sur ses propos.* »

Protéger les jeunes. Les mineurs en danger sont des jeunes, victimes de mauvais traitements ou vivant dans de mauvaises conditions sanitaires, psychologiques ou éducatives. Une fois la requête reçue, Stéphanie convoque la famille du mineur afin de déterminer la mesure à mettre en place. « *Le but de cette rencontre n'est pas de juger les parents, mais de les aider. J'essaie de leur faire comprendre ce qui dysfonctionne.* »

Sanctionner les infractions. Parallèlement à cette assistance éducative, la magistrate assure le suivi et le jugement des mineurs délinquants ayant commis une infraction (vol, racket, dégradation...), un délit ou un crime. Le jugement peut être prononcé dans son bureau ou au tribunal pour enfants, et la sanction va de l'avertissement à la prison en passant par l'amende.

Prendre de la distance. La fonction de juge des enfants peut parfois être lourde à porter. « *Je suis en première ligne et les décisions que j'ai à prendre sont difficiles,* souligne Stéphanie. *Je dois donc faire en sorte de ne pas prendre les choses trop à cœur. Discuter avec les collègues aide à prendre de la distance.* »

→ *Découvrez le parcours de Stéphanie p. 117.*

Quel salaire ?

Fonctionnaire, un magistrat est rémunéré selon une grille comprenant de nombreux échelons relatifs à l'ancienneté.
Un magistrat débutant perçoit environ 1900 € net par mois (hors primes).

Ça recrute ?

D'ici 2018, 1400 des 8000 magistrats actuellement en poste partiront à la retraite. Le nombre de postes au concours d'entrée à l'ENM a été augmenté en conséquence, mais la sélection demeure sévère.

Quels débuts ?

Une fois diplômés, les jeunes magistrats sont affectés à un poste selon leur rang de classement. On peut, par exemple, débuter comme substitut du procureur et ne devenir juge des enfants qu'après quelques années.

Quelles études ?

Les juges sont formés à l'École nationale de la magistrature (ENM) qui recrute sur concours à bac + 4. Dans les faits, les élèves admis ont souvent un bac + 5.

Après le bac en 7 ans

- À l'université, les études de droit commencent par la licence (en 3 ans après le bac) et se poursuivent en master (2 ans). La 1re année de master (M1) validée permet de se présenter à l'entrée de l'ENM.
- Le concours étant très sélectif, de nombreux candidats s'inscrivent dans un institut d'études judiciaires (IEJ). Rattachés à des universités, ces instituts proposent une préparation aux épreuves.
- La formation professionnelle dure 3 ans.

À noter

- Les auditeurs de justice (étudiants de l'ENM) sont rémunérés pendant leur formation et s'engagent à servir l'État pendant 10 ans à compter de leur titularisation.
- Les instituts d'études politiques (IEP), en 5 ans après le bac, sont une autre voie d'accès au concours d'entrée à l'ENM.

Retrouvez les études p. 91.

SUBSTITUT DU PROCUREUR

© DR

François-Xavier Dulin,
substitut du procureur au tribunal de grande instance (TGI) de Lyon (69)

« Je requiers au regard de la loi mais aussi de la personnalité du mis en examen ! »

François-Xavier a commencé sa carrière de magistrat à la permanence pénale de jour du tribunal de grande instance (TGI) de Lyon, il y a 4 ans. *« La délinquance ne s'arrête jamais. C'est pourquoi il y a une permanence de jour comme de nuit. Cela nous permet d'orienter les affaires, 24 heures sur 24 ! »*

Savoir prendre des décisions. En tant que substitut du procureur, François-Xavier décide si une personne interpellée par la police doit être placée en garde à vue, convoquée au tribunal tout en restant libre, ou bien s'il faut classer l'affaire sans suite. *« En permanence, il y a beaucoup d'adrénaline car on doit prendre des décisions importantes en urgence. »*

Diriger les enquêtes. Depuis peu, François-Xavier exerce ses fonctions au sein de la section économique et financière où il traite les infractions commises par les entreprises et leurs responsables : travail illégal, harcèlement moral... Il dirige l'enquête des policiers pour le compte du parquet et sollicite des informations auprès des administrations (Inspection du travail, Trésor public, etc.). *« Contrairement à la permanence pénale où je travaillais dans l'urgence, ma fonction actuelle demande du temps pour mener à bien des enquêtes souvent complexes. »*

Défendre la société. Une fois l'enquête terminée, François-Xavier prépare puis présente le dossier lors des audiences devant les juges. Magistrat du parquet, c'est lui qui requiert une sanction à l'encontre du prévenu, en fonction de l'infraction commise, de l'histoire personnelle de ce dernier mais aussi de son passé judiciaire : *« J'ai récemment mené un réquisitoire sévère contre le gérant d'un garage automobile car il employait du personnel illégalement et qu'il s'agissait d'une récidive. »*

Quel salaire ?

Fonctionnaire, un magistrat est rémunéré selon une grille comprenant de nombreux échelons relatifs à l'ancienneté.
Un magistrat débutant perçoit environ 1900 € net par mois (hors primes).

Ça recrute ?

D'ici 2018, 1400 des 8000 magistrats actuellement en poste partiront à la retraite. Le nombre de postes au concours d'entrée à l'ENM a été augmenté en conséquence, mais la sélection demeure sévère.

Quels débuts ?

Une fois diplômés, les jeunes magistrats sont affectés à un poste selon leur rang de classement. On peut, par exemple, débuter comme substitut du procureur et devenir juge des enfants après quelques années *(lire le témoignage de Stéphanie p. 117)*.

Quelles études ?

Les substituts du procureur sont formés à l'École nationale de la magistrature (ENM) qui recrute sur concours à bac + 4. Dans les faits, les élèves admis ont souvent un bac + 5.

Après le bac en 7 ans

- À l'université, les études de droit commencent par la licence (en 3 ans après le bac) et se poursuivent en master (2 ans). La 1re année de master (M1) validée permet de se présenter à l'entrée de l'ENM.
- Le concours étant très sélectif, de nombreux candidats s'inscrivent dans un institut d'études judiciaires (IEJ). Rattachés à des universités, ces instituts proposent une préparation aux épreuves.
- La formation professionnelle dure 3 ans.

À noter

- Les auditeurs de justice (étudiants de l'ENM) sont rémunérés pendant leur formation et s'engagent à servir l'État pendant 10 ans à compter de leur titularisation.
- Les instituts d'études politiques (IEP), en 5 ans après le bac, sont une autre voie d'accès au concours d'entrée à l'ENM.

Retrouvez les études p. 97.

COMMISSAIRE-PRISEUR JUDICIAIRE

© DR

Jean Rivola,
commissaire-priseur judiciaire à Caen (14)

« Mon objectif : vendre le mobilier d'une société dans les meilleures conditions. »

Ordinateurs, stocks, véhicules... quand une entreprise fait faillite, Jean est nommé par le tribunal de commerce pour faire l'inventaire du patrimoine mobilier de la société. À Caen, il s'occupe généralement de sociétés du bâtiment et d'artisans. *« J'expertise des machines toutes très différentes. Je regarde leur valeur à neuf, leur vétusté, leur état, le marché de l'occasion... »*

Par étapes. L'entreprise est placée en redressement judiciaire, en attente de meilleurs résultats ou d'un repreneur. Si aucune solution n'est trouvée, la liquidation judiciaire est alors prononcée. *« Ce n'est qu'à ce moment-là que j'organise une vente aux enchères. »* Jean procède à des visites sur site pour les clients et publie des annonces. *« Mon but est de vendre le mobilier dans les meilleures conditions. Ce n'est en aucun cas une grande braderie. »* Les ventes judiciaires dans le cadre de tutelle ou d'héritage peuvent également lui être confiées, mais sont rares dans son étude.

Une grande variété. Jean a découvert les enchères quand il était adolescent, à l'hôtel Drouot (grande salle de ventes publics à Paris). *« J'ai aimé le dynamisme des lieux, et la variété des objets mis en vente. »* Une variété qu'il retrouve aujourd'hui dans son activité. *« Après 15 ans d'expérience, je suis toujours surpris ! J'ai estimé des bateaux de plaisance, des stocks de produits cosmétiques, et même des poneys, dans le cadre du redressement judiciaire d'un haras. »*

Un métier de contact. Ce passionné de meubles apprécie le contact avec les clients et les employés *« qui parlent avec plaisir des machines avec lesquelles ils travaillent »*. Pour lui, la psychologie est essentielle. *« J'arrive généralement dans un contexte difficile. Je dois expliquer ma mission et rassurer. Il faut que la confiance s'installe pour faire une bonne expertise. »*

Réforme en cours : une nouvelle profession, « commissaire de justice », devrait englober les actuels commissaires-priseurs judiciaires, huissiers de justice et mandataires judiciaires.

Quel salaire ?

Un commissaire-priseur judiciaire salarié gagne environ 3 000 € brut par mois en début de carrière. La rémunération d'un commissaire-priseur judiciaire associé ou individuel est variable, et dépend de la taille, du lieu et de l'activité de l'étude.

Ça recrute ?

Il existe 420 commissaires-priseurs judiciaires en France. Officiers publics et ministériels, ils sont nommés par le garde des Sceaux, et prêtent serment. Ils doivent acheter une charge pour exercer. Le nombre d'études est fixé par le ministère de la Justice.

Quels débuts ?

Trois statuts possibles : salarié, associé (en achetant des parts dans une étude) ou titulaire d'une charge (seul). Tous les commissaires-priseurs judiciaires font aussi des ventes volontaires (objets appartenant à des particuliers).

Quelles études ?

La formation professionnelle de commissaire-priseur est ouverte aux titulaires d'une licence en droit et d'un bac + 3 en histoire de l'art (licence ou diplôme de l'École du Louvre).

Après le bac en 5 à 8 ans

- À l'université, compter 6 ans d'études pour valider la licence de droit et la licence d'histoire de l'art. À moins de préparer la bi-licence droit-histoire de l'art et archéologie de Paris 1 (en 3 ans).
- Ce double profil permet de se présenter à l'examen d'accès qui comprend deux écrits (connaissance des arts et techniques ; sujet juridique en rapport avec les activités de ventes publiques) et trois oraux (droit, histoire de l'art et langue).
- La formation professionnelle prévoit 2 ans de stages rémunérés dans une étude (dont un de 6 mois obligatoirement dans une étude faisant des ventes judiciaires pour ceux qui veulent tenter le volet judiciaire) en alternance avec 350 heures de cours organisés par le Conseil des ventes (à l'École du Louvre et à l'ESCP Europe). Elle mène à un certificat de bon accomplissement de stage, puis à l'habilitation à diriger des ventes volontaires *(lire le témoignage de Solène p. 107)*.
- Pour être commissaire-priseur judiciaire, il faut ensuite passer l'examen d'aptitude judiciaire (20 places en moyenne). Trois tentatives au maximum.

HUISSIÈRE DE JUSTICE

© DR

Stéphane Guérin,
huissière de justice
à Eyguières (13)

« Trouver une solution acceptable pour le créancier… et pour le débiteur. »

« J'ai choisi ce métier car on est dans l'action ! » À 35 ans, Stéphane passe la moitié de son temps à l'extérieur. Que ce soit pour constater un dégât des eaux chez un particulier qui n'arrive pas à se faire rembourser par son assurance, pour un conflit de voisinage ou pour des saisies de biens à domicile. *« Il n'est pas rare de devoir grimper à une échelle pour constater un toit endommagé. »*

Dialogue et sang-froid. *« Impossible d'exercer ce métier si l'on n'aime pas le contact humain et le dialogue »*, précise cette huissière, confrontée chaque jour à des situations complexes. *« Mon rôle est d'essayer de trouver une solution acceptable pour le créancier… et pour le débiteur. »* Même si, parfois, les réactions sont agressives, notamment quand Stéphane bloque un compte bancaire ou saisit un véhicule. *« En tant qu'huissier, on n'est jamais attendu. Il faut rester calme, et essayer de faire accepter la décision de justice. »*

Dénouer les situations. Elle s'occupe également des expulsions, des procédures longues qui donnent lieu à de nombreux échanges entre les deux parties. *« J'essaie toujours d'éviter l'intervention des forces de l'ordre. Je dialogue avec la préfecture, les assistants de service social, etc. Quand j'arrive à dénouer une situation et à obtenir la remise des clés dans les meilleurs délais, j'ai le sentiment d'avoir bien fait mon travail. »*

Cheffe d'entreprise. Après avoir exercé comme clerc d'huissier à Marseille, Stéphane a décidé, il y a 3 ans, de racheter des parts dans une étude située à 60 km de la cité phocéenne. *« Je dois gérer la société, que ce soit pour la comptabilité, le personnel… »* L'étude étant située en zone semi-rurale, Stéphane est souvent sollicitée par les habitants pour des conseils juridiques. *« J'aime cette proximité avec les gens. »*

Réforme en cours : une nouvelle profession « commissaire de justice » devrait englober celles de commissaire-priseur judiciaire, d'huissier de justice et de mandataire judiciaire.

Quel salaire ?

Un huissier salarié commence environ à 3700 € brut par mois. La rémunération d'un huissier associé (qui a acheté des parts dans une étude) est, elle, plus élevée, et très variable en fonction du lieu, de la taille et de l'activité de l'étude.

Ça recrute ?

L'huissier est un officier public et ministériel. Il est nommé par le garde des Sceaux, et prête serment. Il doit acheter une charge pour exercer et ne peut pas s'installer où il veut : l'implantation et le nombre d'études sont réglementés par l'État. L'huissier est tenu au secret professionnel.

Quels débuts ?

Un huissier peut exercer comme salarié, acheter des parts dans une étude déjà existante et devenir huissier associé, ou s'installer tout seul (plus rare).

Quelles études ?

La formation professionnelle d'huissier de justice est ouverte aux titulaires d'un master 1 en droit. Dans les faits, les élèves admis ont souvent un master 2.

Après le bac en 6 ans

- À l'université, les études de droit commencent par la licence (en 3 ans après le bac) et se poursuivent en master (en 2 ans). La 1re année de master (M1) validée permet de se présenter à l'examen.
- La formation comprend 2 ans de stage rémunéré dans une étude d'huissier, avec des enseignements en alternance dispensés par le Département formation des stagiaires (DFS) et l'École nationale de procédure (ENP), suivis d'un examen professionnel.

Retrouvez les études p. 98.

NOTAIRE

© DR

Caroline Pithois-Gur,
notaire dans le Val-de-Marne (94)

« Sécuriser les relations juridiques avec des contrats authentiques. »

Spécialisée dans le droit de la famille*, Caroline établit les actes qui lient ses clients devant la loi : contrats de mariage ou d'union civile (Pacs), divorces, testaments, successions, partages... Dans chaque dossier, elle a un objectif : aboutir à une convention équilibrée entre les parties (mari et femme, héritiers...), protectrice des intérêts de chacun. *« Mon rôle est de sécuriser les relations juridiques des personnes en rédigeant des contrats authentiques. »*

Conseil et soutien. Au quotidien, Caroline explique le droit applicable et interroge ses clients pour pouvoir les conseiller. *« À moi d'utiliser la bonne règle de droit qui va leur permettre de se protéger et d'éviter les situations conflictuelles. »* Ensuite, avec ses collaborateurs, elle rédige les actes, puis les « authentifie », c'est-à-dire qu'elle leur donne force de loi, en les signant et en apposant son sceau.

Des lois... et des hommes. Pour cette notaire expérimentée, le métier ne se limite pas à l'aspect juridique. *« Il y a aussi la gestion des conflits, notamment en cas de séparation ou d'héritage. J'interviens lors de moments clés dans la vie des familles. »* Caroline doit alors parvenir à apaiser les choses, en faisant preuve d'écoute et d'empathie. *« C'est lorsque j'arrive à obtenir un consensus que j'ai réussi ma mission. »*

Pas de routine. Gagner et entretenir la confiance de ses clients, c'est le défi quotidien de Caroline. *« On peut avoir l'impression que le métier de notaire est austère, mais pas du tout : aboutir à un consensus demande beaucoup d'énergie, et il n'y a pas de routine, car aucune famille ne ressemble à une autre. »*

* Le droit de la famille est l'un des domaines de spécialité des notaires parmi d'autres : droit immobilier, droit rural, droit des sociétés...

Quel salaire ?

Un notaire assistant gagne environ 2 500 € brut par mois. Un notaire salarié, 3 000 € net en début de carrière. S'il est associé, la rémunération dépend de la taille de l'étude, du lieu et de l'activité.

Ça recrute ?

Le notaire est un officier public et ministériel. Nommé par le garde des Sceaux, il prête serment. Il doit acheter une charge et ne peut pas s'installer où il veut : l'implantation et le nombre d'études sont réglementés par l'État. Il est tenu au secret professionnel.

Quels débuts ?

Un diplômé commence comme assistant avant d'être nommé notaire « en titre ». Il peut exercer comme salarié au sein d'une étude, devenir notaire associé en achetant des parts ou notaire individuel en rachetant une étude. Autre possibilité : passer le concours de création d'offices organisé chaque année par le ministère de la Justice. Pas de rachat de charge en ce cas pour le notaire ; l'installation se fait en fonction du classement. Reste à se créer une clientèle *(lire le témoignage de Charles-Édouard p. 119)*.

Quelles études ?

Être titulaire du diplôme supérieur de notariat (DSN) ou du diplôme de notaire (DN) est obligatoire pour exercer.

Après le bac en 7 ans

• À l'université, les études de droit commencent par la licence (en 3 ans après le bac) et se poursuivent en master (en 2 ans). Deux voies sont possibles ensuite pour apprendre le métier.

• La voie universitaire est accessible, sur dossier (et parfois entretien), avec un master 1 droit notarial obtenu avec mention. La formation prévoit un master 2 droit notarial (proposé dans une trentaine d'universités), suivi de 2 ans de stage rémunéré dans un office notarial, avec des cours dans l'un des 11 centres de formation professionnelle notariale (CFPN). Elle débouche sur le diplôme supérieur de notariat (DSN).

• La voie professionnelle est accessible, sur dossier et entretien, avec un master 2 en droit (toutes spécialités, de préférence droit civil, droit des affaires, fiscalité, droit de l'immobilier, droit de la famille). Le cursus comprend 30 mois de stage et des cours dans l'un des 11 CFPN. Il mène au diplôme de notaire (DN).

Retrouvez les études p. 99.

COMMISSAIRE DE POLICE

© DR

Mahdi Belbey,
commissaire de police dans un commissariat d'arrondissement à Paris

« Il n'y a pas de liberté sans sécurité. »

Pour ce commissaire en fonction au cœur des quartiers touristiques de Paris, la police, ce n'était pas « un rêve d'enfant », même s'il s'imaginait déjà être au service de l'État. Le déclic ? *« Ma rencontre, à l'université, avec un professeur de géopolitique, par ailleurs commissaire. Il m'a transmis sa passion pour ce métier qui associe l'action et la réflexion. »*

Diriger les opérations. Prévoir le dispositif d'ordre d'une manifestation, s'assurer que l'espace de détention du commissariat est bien sécurisé... Mahdi orchestre un ensemble d'opérations variées. *« J'assure le suivi des affaires juridiques marquantes, en orientant le travail des enquêteurs. Et, pour adapter l'action des policiers sur le terrain, j'analyse la délinquance dans un territoire donné. »* Autre volet : gérer les partenariats avec la mairie, les entreprises... *« Je joue un rôle de conseil, par exemple pour sécuriser un musée lors d'un événement sensible. »*

Gardien du temple. Formation, mesures disciplinaires, relations avec les organisations syndicales... ce commissaire encadre 355 fonctionnaires, des hommes et des femmes exerçant un métier difficile. *« Au quotidien, il faut savoir prendre des décisions et les assumer. Pour cela, je m'appuie sur des textes juridiques comme le code de déontologie de la Police et de la Gendarmerie nationales. »*

Une grande disponibilité. Joignable 24 heures sur 24, Mahdi estime que la contrainte fait partie du métier. Tout comme le fait d'avoir une *« hauteur de vue, de donner un cap »* au service. *« J'ai une certaine idée de la République, qui m'anime au quotidien. C'est un métier passionnant parce que l'on est au cœur de l'action, parfois de l'actualité... On exerce dans un environnement juridique et administratif complexe. Intellectuellement, c'est très enrichissant. »*

Quel salaire ?

Fonctionnaire, un commissaire est rémunéré selon une grille comprenant de nombreux échelons relatifs à l'ancienneté et au grade. Ses revenus varient selon qu'il occupe ses fonctions à Paris ou en région. À Paris, les salaires varient entre 3 100 € net par mois et environ 5 000 €, au maximum.

Ça recrute ?

En 2015, 26 postes ont été offerts au concours de commissaire de police (24 en 2014, 20 en 2013). À la sortie de l'ENSP, la plupart des postes sont proposés en sécurité publique (responsable d'un commissariat d'une ville moyenne, adjoint au responsable d'un commissariat central dans une grande ville, etc.).

Quels débuts ?

Un commissaire doit rester à son premier poste pendant 2 ans au minimum. Il peut ensuite se porter candidat sur des postes vacants offerts dans l'ensemble des directions de la Police nationale.

Quelles études ?

Les élèves commissaires sont recrutés pour moitié par concours externe ouvert aux titulaires d'un master (bac + 5) et pour moitié par voie interne (concours, promotion, etc.), avant d'être formés à l'École nationale supérieure de la police (ENSP).

Après le bac en 5 ans

- À l'université, les études de droit commencent par la licence (en 3 ans après le bac) et se poursuivent en master (en 2 ans). D'autres filières peuvent être choisies, mais les études de droit apportent des connaissances utiles dans le cadre des notions évaluées au concours.
- La formation professionnelle dure 2 ans. Elle prévoit des enseignements théoriques et des stages pratiques.

À noter

- Les étudiants de l'ENSP sont rémunérés pendant leur formation et s'engagent à servir l'État pendant 5 ans à compter de leur titularisation.
- Les instituts d'études politiques (IEP), en 5 ans après le bac, sont une autre voie d'accès au concours d'entrée à l'ENSP.

Retrouvez les études p. 93.

EXPERTE JUDICIAIRE

© DR

Claire Menut,
experte judiciaire
en biologie à l'Institut
national de la police
scientifique (INPS)

« Déterminer jusqu'où on peut aller, et dire stop quand c'est nécessaire. »

Sur l'ensemble des dossiers traités par la police scientifique, environ 80 % concernent la recherche de « traces » biologiques sur des objets ou des prélèvements effectués sur une scène de crime ou de délit. Une partie d'entre elles est prise en charge par l'Institut national de la police scientifique (INPS), au sein duquel Claire officie en tant qu'experte.

Valider les analyses. Ingénieure de la police scientifique, Claire a été habilitée à réaliser des expertises 5 ans après son arrivée au laboratoire de Paris. *« En tant qu'experte, je signe des rapports d'analyses rédigés par les chefs de groupe, et j'en rédige parfois la conclusion. »* Une grande responsabilité, le résultat des analyses pouvant faire pencher la balance du côté de la culpabilité ou de l'innocence de la personne mise en examen.

Orienter les recherches. À la lecture des dossiers, Claire doit s'assurer que les différents modes opératoires ont bien été respectés, et que toutes les analyses qui pouvaient être tentées l'ont bien été. Et, lorsque celles-ci ne donnent rien, c'est également à elle de signifier que les limites sont atteintes. *« C'est un choix difficile, mais c'est mon rôle de déterminer jusqu'où on peut aller dans les analyses, et de dire stop quand c'est nécessaire. »*

Défendre son dossier. Une dizaine de fois par an, l'experte présente ses rapports lors de procès en cour d'assises. Un exercice qui exige une parfaite connaissance de son dossier et une grande aisance orale. Face aux tentatives de déstabilisation de certains avocats, Claire ne doit jamais perdre de vue la raison de sa présence à la barre. *« Je suis uniquement là pour expliquer le résultat de nos analyses et aider à ce que la lumière soit faite. »*

Quel salaire ?

L'expert judiciaire est rémunéré sous la forme d'honoraires fixés par le juge qui l'a désigné.

Ça recrute ?

Expert est une fonction, et non une profession. Pour exercer en tant que tel, il faut être inscrit sur la liste de la cour d'appel. La concurrence est rude : chaque année, moins de 3 % des candidats sont inscrits.

Quels débuts ?

Une fois sur la liste, l'expert est soumis à une période probatoire de 2 ans. Cette période passée avec succès, le renouvellement s'effectue ensuite tous les 5 ans *(lire le témoignage de Marjorie p. 120)*.

Quelles études ?

Graphologie, fiscalité, œuvres d'art, toxicologie, odontologie... les domaines concernés par l'expertise judiciaire sont divers. Pour prétendre à la fonction, il faut attester d'une compétence élevée dans sa spécialité. Le niveau bac + 5, voire bac + 8, domine chez les experts, conforté par plusieurs années d'expérience.

Après le bac en 5 à 8 ans

Les parcours de formation varient selon le domaine considéré. Dans les spécialités scientifiques et industrielles, par exemple, deux profils émergent :

- diplômés d'une école ingénieurs : ils ont effectué 5 années d'études après le bac ou bien 3 années après 2 ans en classe préparatoire aux grandes écoles (CPGE) ;
- titulaires d'un doctorat : ils ont suivi 8 années d'études supérieures (à l'université *via* la licence de niveau bac + 3, puis le master de niveau bac + 5, ou dans une grande école), et jusqu'à 11 années pour ceux passés par les filières médecine, dentaire ou pharmacie.

Retrouvez les études p. 83.

INTERPRÈTE JUDICIAIRE

© DR

Eléna Tutunju,
interprète judiciaire auprès de la cour d'appel de Paris et interprète de liaison chez Inter-Service Migrants (ISM)

« Je peux être appelée pour une comparution immédiate ou pour une garde à vue. »

Originaire de Moldavie, Eléna a commencé à apprendre le français dès l'âge de 9 ans. Plusieurs années plus tard, elle décide d'en faire son métier, et de l'enseigner dans son pays. Mais son engagement dans le bénévolat la conduit à assurer des missions d'interprétariat et à réviser son choix de carrière : elle vient alors en France poursuivre ses études pour devenir interprète.

Du tribunal au commissariat. Salariée d'une entreprise spécialisée dans l'interprétariat en milieu social, Eléna est également assermentée depuis 3 ans auprès de la cour d'appel de Paris pour trois langues : le moldave, le roumain et le russe. Jour, nuit, week-end… elle est susceptible d'être contactée à tout moment. *« Les raisons pour lesquelles je suis appelée sont très variées : cela peut être dans le cas d'une comparution immédiate au tribunal, pour une garde à vue au commissariat, pour une expertise psychiatrique en prison. »*

Aider à la compréhension. À chaque fois, l'objectif est le même : faire en sorte que la personne interrogée puisse être comprise et comprenne elle-même les faits qui lui sont reprochés, ainsi que ses droits. *« L'exercice peut être complexe lorsque l'on est confronté à des personnes qui ont un niveau de langage assez faible. Mais c'est à moi de m'adapter et de simplifier afin qu'elles comprennent. »*

Ne pas s'impliquer émotionnellement. Disponible, l'interprète judiciaire doit également être mobile, car elle est amenée à intervenir dans l'ensemble de la région parisienne. Mais le plus difficile face à des situations dramatiques demeure de garder une certaine distance. *« Je ne peux pas me permettre d'avoir de l'empathie. Il est indispensable que je reste neutre pour faire mon travail correctement. »*

Quel salaire ?

Inscrit au titre des experts, l'interprète judiciaire est rémunéré à l'heure.

Ça recrute ?

Interprète judiciaire est une fonction, et non une profession. Pour exercer en tant que tel, il faut être inscrit sur la liste de la cour d'appel. Les dossiers retenus chaque année sont peu nombreux.

Quels débuts ?

Il est possible de débuter en tant qu'interprète judiciaire avant d'être assermenté en se faisant connaître auprès des tribunaux. Une fois assermenté auprès de la cour d'appel, l'interprète judiciaire est soumis à une période probatoire de 2 ans. Le renouvellement s'effectue ensuite tous les 5 ans.

Quelles études ?

Avant d'être assermentés, les interprètes judiciaires sont des professionnels de la traduction et/ou de l'interprétation. Des compétences qui s'acquièrent au niveau master, que ce soit à l'université ou en école.

Après le bac en 5 ans

• Première étape, la licence de langues vivantes qui se prépare, à l'université, en 3 ans après le bac. La mention langues étrangères appliquées (LEA) propose de se former dans deux langues étrangères appliquées au monde de l'entreprise (avec des orientations commerce, logistique, droit...). La mention langues, littératures et civilisations étrangères et régionales (LLCER) propose d'approfondir l'étude d'une seule langue étrangère par le biais de la littérature et de la culture des pays d'expression.

• Seconde étape : candidater dans les formations spécialisées (en 2 ans après la licence) très sélectives. Recrutement sur dossier et entretien dans le cas des masters universitaires, voire sur concours dans le cas des écoles : École supérieure d'interprètes et de traducteurs (Esit) et Institut de management et de communication interculturels (Isit).

Retrouvez les études p. 83.

LIEUTENANT DE POLICE

© DR

Laurent Dussutour,
lieutenant de police dans un commissariat d'arrondissement à Paris

« Voir une affaire bien menée aboutir donne du sens à mon métier. »

« Ce métier, il faut le choisir par vocation, et non pour l'image qu'en donnent les séries télé, moins réaliste que ce que l'on vit », prévient Laurent, récemment promu lieutenant par la voie d'un concours interne. Vol à la tire, proxénétisme, blanchiment d'argent... le service de l'accueil et de l'investigation de proximité (Saip) du commissariat d'arrondissement où il exerce traite de multiples affaires. *« On côtoie aussi bien la petite délinquance que les "cols blancs", en cas d'infractions financières par exemple. »*

Action et gestion d'équipe. Au quotidien, Laurent encadre une équipe de 25 personnes. Contrôle des procédures, gestion des plannings, médiation en cas de conflits... le volet administratif et les ressources humaines prennent souvent le pas sur l'action. *« Garder le contact avec le terrain me semble toutefois important, et j'apprécie cet aspect. Dans certaines affaires, je n'hésite pas à mener une perquisition ou à partir en intervention pour appuyer une équipe. »*

Questions de procédure. Quand placer quelqu'un en garde à vue ? Quand prévenir un avocat ? Ce lieutenant conseille ses collègues sur des questions de procédure parfois complexes. *« La législation évolue vite. Même en cas de flagrant délit, on a tout intérêt à bien ficeler une affaire avant qu'elle ne parte pour le parquet. »* Le code pénal à portée de main, Laurent suit de près les réformes en cours.

Un équilibre personnel. Au fil des situations rencontrées, Laurent a appris à se protéger. *« On voit les plus mauvais côtés de la nature humaine. Il faut conserver un bon équilibre personnel car on peut passer plusieurs soirées sur une affaire, y penser la nuit... »* Ce qui le motive ? *« Être au service des victimes, avoir la satisfaction de voir une affaire délicate aboutir parce qu'elle a été bien menée. »*

Quel salaire ?

Fonctionnaire, un lieutenant de police (premier grade des officiers de police) est rémunéré selon une grille comprenant de nombreux échelons relatifs à l'ancienneté et au grade. En début de carrière, le salaire est d'environ 1750 € brut par mois (hors primes).

Ça recrute ?

En 2015, 33 postes ont été offerts au concours externe d'officier. Un niveau stable depuis plusieurs années.

Quels débuts ?

Le choix du premier poste est effectué en fonction du rang de classement au concours. À la sortie de l'ENSP, la plupart des postes offerts aux officiers sont proposés en sécurité publique. Un jeune lieutenant reste 5 ans au minimum dans son premier poste *(lire le témoignage de Gaëtan p. 118)*.

Quelles études ?

Les lieutenants de police sont formés à l'École nationale supérieure de la police (ENSP) qui recrute sur concours à bac + 3. Dans les faits, les élèves admis ont souvent un bac + 4 ou un bac + 5.

Après le bac en 4 ans et demi

- À l'université, la licence mention droit (en 3 ans après le bac) est bien adaptée pour se préparer au concours d'officier de police. Ce dernier comporte en effet plusieurs épreuves dans cette discipline.
- La formation professionnelle dure 18 mois. Elle prévoit des enseignements théoriques et des stages pratiques.

À noter

Les étudiants de l'ENSP sont rémunérés pendant leur formation et s'engagent à servir l'État pendant 4 ans à compter de leur titularisation.

Retrouvez les études p. 94.

CHEFFE D'ÉTABLISSEMENT PÉNITENTIAIRE

© DR

Karine Vernière,
directrice
d'un établissement
pénitentiaire à Caen (14)

« Il faut avoir de l'ambition pour la prison qu'on dirige. »

« On pense rarement à la prison lorsqu'on envisage une carrière dans le judiciaire », reconnaît Karine, qui visait le concours de la magistrature avant de réussir celui de directeur des services pénitentiaires. *« Ce choix prend certainement sa source dans une expérience de bénévolat réussie, pendant mes études de droit. »* Aujourd'hui, cette cheffe d'établissement gère une maison d'arrêt de 450 détenus et de 200 personnels.

Une petite ville. Chargée d'incarner l'autorité, Karine s'appuie sur une organisation la plus humaine possible. *« Mon rôle est de proposer des dispositifs pour faire en sorte que la peine soit utile, comme un emploi du temps aménagé pour permettre à un détenu de concilier travail et études, et d'apprendre un métier. Une prison, c'est une petite ville, avec des services à coordonner : l'école, les soins médicaux, la restauration... »*

Ressources humaines. Sollicitée sur des questions aussi bien de budget que de sécurité, cette directrice consacre un temps important aux ressources humaines. *« Derrière la gestion administrative, il y a des hommes et des femmes. J'échange beaucoup avec les surveillants et les lieutenants. De leur côté, les détenus m'écrivent, expriment leurs besoins. Je dois être à l'écoute des deux communautés qui vivent ensemble, en favorisant la confiance. »* Autres interlocuteurs privilégiés : les travailleurs sociaux, et des partenaires institutionnels comme les enseignants, les médecins...

Réussites et échecs. Un conflit qui dégénère, un surveillant en difficulté, un détenu qui obtient un diplôme... chaque année est jalonnée de belles réussites et d'échecs. *« Ce que l'on propose ne fonctionne pas tout le temps, mais l'essentiel est d'avoir de l'ambition pour la prison que l'on dirige. Dans ce métier, il faut aimer gérer l'imprévu et prendre des décisions rapides en gardant la tête froide. »*

Quel salaire ?

Fonctionnaire, un directeur des services pénitentiaires est rémunéré selon une grille comprenant de nombreux échelons relatifs à l'ancienneté. En début de carrière, il perçoit une rémunération de 2130 € net par mois, primes comprises (hors indemnités). Les revenus peuvent atteindre 6240 € net par mois pour un directeur en fin de carrière.

Ça recrute ?

Les directeurs des services pénitentiaires sont recrutés par concours. En 2015, 10 postes ont été offerts au concours externe (11 postes en 2014).

Quels débuts ?

« Dans ce métier, on ne prend pas d'emblée la responsabilité d'un établissement. On commence d'abord comme personnel de direction, avec diverses missions », résume Karine. L'étape suivante consiste à devenir directeur adjoint au chef d'établissement, puis chef d'établissement.

Quelles études ?

Les directeurs des services pénitentiaires sont formés à l'École nationale d'administration pénitentiaire (Enap) qui recrute sur concours à bac + 3.
Dans les faits, les élèves admis ont souvent un bac + 4 ou un bac + 5.

Après le bac en 5 ans

- À l'université, la licence mention droit (en 3 ans après le bac) est bien adaptée pour se préparer au concours de directeur des services pénitentiaires. Ce dernier comporte en effet plusieurs épreuves dans cette discipline.
- La formation professionnelle dure 2 ans, sur le principe d'une alternance entre séquences théoriques et stages pratiques.

À noter

Les étudiants de l'Enap sont rémunérés pendant leur formation et s'engagent à servir l'État pendant 5 ans à compter de leur titularisation.

Retrouvez les études p. 88.

CONSEILLÈRE PÉNITENTIAIRE D'INSERTION ET DE PROBATION

© DR

Joëlle Lemoine,
conseillère pénitentiaire d'insertion et de probation à Nanterre (92)

« On touche au droit, au social, à la psychologie... : à l'humain. »

Après avoir exercé en prison, c'est auprès de femmes et d'hommes condamnés mais non incarcérés que Joëlle travaille aujourd'hui, en milieu ouvert. Son rôle ? *« Veiller à l'application des peines décidées par un juge. »* Juriste de formation, elle suit 120 condamnés. Certains ont bénéficié d'un sursis ou d'un aménagement de peine leur évitant la détention initialement prévue.

En milieu ouvert. Son premier interlocuteur est le juge d'application des peines. *« Il me mandate pour vérifier que les mesures qu'il vient de prendre seront respectées. Il peut ordonner le port d'un bracelet électronique, des travaux d'intérêt général, des soins, en cas d'addiction par exemple. »* Au moins une fois par mois, Joëlle rencontre chaque condamné, fait le point sur le respect des mesures et évalue le risque de récidive.

Un suivi essentiel. Dernière étape : la rédaction d'un rapport détaillé expliquant ce qui s'est bien ou mal passé pendant le suivi. *« Ces informations précises permettent au juge de prendre une décision favorable ou, au contraire, de décider d'une incarcération. Mon rôle s'inscrit dans le cadre d'une procédure judiciaire. L'avis que j'émets contribue donc pleinement au fait de rendre la justice. »*

Des notions en droit. Ce que Joëlle apprécie au quotidien ? *« Dans ce métier, on touche au droit, au social, à la psychologie, à la criminologie... : à l'humain. Il est important de maîtriser certaines notions de droit pénal. Je dois comprendre le fonctionnement de la justice en matière d'application des peines pour pouvoir l'expliquer concrètement aux personnes condamnées, et les accompagner, surtout lorsque les mesures se cumulent. C'est parfois très complexe. »*

→ Découvrez le parcours de Joëlle p. 104.

€ Quel salaire ?

Fonctionnaire, un conseiller pénitentiaire d'insertion et de probation est rémunéré selon une grille comprenant de nombreux échelons relatifs à l'ancienneté. En début de carrière, il gagne 1650 € net par mois. Il peut évoluer ensuite vers un poste de directeur des services pénitentiaires d'insertion et de probation, et toucher 4600 € net par mois en fin de carrière.

Ça recrute ?

Le volume des recrutements est très variable d'une année sur l'autre. En 2015, 309 CPIP ont été recrutés. En 2016, 220 postes seront offerts au concours.

Quels débuts ?

Le lieu et le type d'affectation (en milieu ouvert ou en établissement pénitentiaire) sont fonction du rang de classement établi à l'issue de la 1re année de formation. Il est possible de changer de poste 1 an après la titularisation.

Quelles études ?

Les conseillers pénitentiaires d'insertion et de probation (CPIP) sont formés à l'École nationale d'administration pénitentiaire (Enap) qui recrute sur concours à bac + 2.

Après le bac en 4 à 5 ans

- Première étape, préparer un diplôme permettant de valider un niveau bac + 2. Plusieurs cursus possibles : un DUT (en 2 ans après le bac), dans la spécialité carrières juridiques par exemple, pour acquérir des bases juridiques ; la licence (en 3 ans après le bac) à l'université. La filière droit est la plus adaptée car elle permet d'acquérir certaines connaissances qu'il vaut mieux maîtriser pour réussir les épreuves du concours, et pour la suite de la formation.
- La formation professionnelle dure 2 ans. Elle prévoit des enseignements théoriques, puis des stages pratiques.

À noter

Les étudiants de l'Enap sont rémunérés pendant leur formation et s'engagent à servir l'État pendant 3 ans à compter de leur titularisation.

Retrouvez les études p. 88.

ÉDUCATEUR DE LA PJJ

© DR

Jacques N'Doumbe,
éducateur
de la protection
judiciaire de la jeunesse
en région parisienne

« Mon rôle, c'est d'être un repère et d'amener les jeunes à un déclic. »

En ce moment, Jacques suit une vingtaine de jeunes délinquants, âgés de 13 à 18 ans, tous condamnés à des peines autres que la prison : travaux d'intérêt général, amende, obligation de scolarité... À la croisée du social et du judiciaire, cet éducateur de la protection judiciaire de la jeunesse (PJJ) cherche avant tout à éviter la récidive.

Comprendre une histoire. Première étape pour Jacques : se familiariser avec ces jeunes qu'il va suivre pendant plusieurs années. *« Je les rencontre en entretien, avec leurs familles, pour comprendre ce qui les a conduits là, et réfléchir avec eux à leur passage à l'acte. C'est souvent le fruit d'une histoire familiale lourde et compliquée. Mon rôle est d'être un repère ou de les guider jusqu'à la personne qui les amènera à un déclic. »*

Suivi régulier. Pour le volet juridique, Jacques doit s'assurer que les adolescents qu'il rencontre une fois par mois remplissent leurs obligations : suivi psychologique, lutte et prévention contre les conduites addictives... Consignées dans un dossier, ces informations permettent au juge d'adapter ses décisions. La particularité de l'éducateur, par rapport au conseiller pénitentiaire d'insertion et de probation ? *« On travaille avec des adolescents. Leur personnalité se modifie sans cesse. Ma démarche éducative doit permettre que cette évolution soit positive, en étant une sorte de fil rouge. »*

Éviter la récidive. Le principal objectif de cet éducateur ? Donner aux jeunes les « clés » qui leur éviteront de récidiver. *« Pour les aider à comprendre l'intérêt de respecter des consignes, j'anime des ateliers de plongée sous-marine. »* Jacques rencontre aussi de nombreux partenaires, comme les conseillers en mission locale, afin de trouver une formation adaptée pour un jeune. *« Les résultats ne sont pas toujours palpables, mais dans ce métier il ne faut jamais baisser les bras ! »*

Quel salaire ?

Fonctionnaire, un éducateur de la PJJ est rémunéré selon une grille comprenant de nombreux échelons relatifs à l'ancienneté. La rémunération d'un jeune diplômé est de 1800 € net par mois, sans les primes liées aux conditions de travail (le soir, le week-end...). Elle peut atteindre 2900 € net par mois en fin de carrière.

Ça recrute ?

En 2015, 90 places ont été offertes au concours externe (pour environ 1100 candidats).

Quels débuts ?

À l'issue de la formation, les éducateurs de la PJJ sont affectés selon leurs vœux et leur rang de classement. Ils peuvent ensuite évoluer vers des postes de chef de service éducatif au sein des différentes structures de la PJJ.

Quelles études ?

Les éducateurs de la PJJ sont formés à l'École nationale de protection judiciaire de la jeunesse (ENPJJ) qui recrute sur concours à bac + 2.

Après le bac en 4 à 5 ans

- Première étape : obtenir un diplôme de niveau bac + 2 permettant de se présenter aux épreuves du concours : il peut s'agir d'un DUT carrières sociales, voire d'un DUT carrières juridiques, qui permet d'aborder différentes notions de droit pouvant servir par la suite. Autre voie d'entrée possible : un diplôme d'État d'éducateur spécialisé.
- En 2014, 40 % des lauréats du concours étaient issus d'une filière juridique, 21 % de la filière éducative, les autres venant des filières STAPS, lettres, psychologie... La plupart des candidats ont au moins un bac + 3 (25 % de bac + 2 en 2014).
- La formation professionnelle dure 2 ans à l'ENPJJ à Roubaix, ou dans l'un de ses 11 centres régionaux.

À noter

Les étudiants de l'ENPJJ sont rémunérés pendant leur formation et s'engagent à servir l'État pendant 5 ans à compter de leur titularisation.

Retrouvez les études p. 89.

PSYCHOLOGUE DE LA PJJ

© DR

Amélie Chaillier,
psychologue de la PJJ au service éducatif de l'établissement pénitentiaire pour mineurs de Lavaur (81)

« Accompagner le jeune dans un travail psychologique qui favorise sa réinsertion. »

Depuis qu'elle a réussi le concours de la protection judiciaire de la jeunesse (PJJ), il y a 4 ans et demi, Amélie exerce dans un centre pénitentiaire pour mineurs. Ces derniers sont 55, et purgent des peines de 2 semaines à 5 ans. Ils sont répartis dans sept unités de vie. Amélie rencontre systématiquement les nouveaux arrivants pour faire connaissance et les positionner dans l'unité de vie qui leur correspondra le mieux. *« Ce premier entretien me permet de balayer le plus de choses possible : la famille, l'historique de leur placement... »*

Imaginer un univers. Le reste du travail de la psychologue s'appuie beaucoup sur ses échanges avec l'équipe éducative, avec laquelle elle partage de nombreux temps de réunion hebdomadaires. *« Les jeunes qui sont demandeurs sont suivis par la psychologue de l'unité de soins. Moi, j'interviens lorsque des éducateurs m'alertent, quand il y a un comportement problématique, comme des troubles alimentaires, ou s'il y a des tensions. »*

Crayon et tablette. Son objectif : éclairer les équipes sur ce qui peut poser problème au jeune. Lorsqu'une audience ou un jugement est prévu, par exemple pour un aménagement de peine, Amélie rédige un rapport destiné au magistrat. *« Mon but est d'accompagner le jeune dans un travail psychologique qui favorise sa réinsertion et évite sa récidive. »*

Contourner les difficultés. Pour que son travail soit efficace, la psychologue doit être dans le dialogue, tant avec le reste de l'équipe qu'avec les mineurs. *« Nombreux sont les jeunes qui associent la psychologie à la maladie mentale. Il faut instaurer une relation de confiance. Pour cela, je les accompagne souvent dans leurs activités artistiques ou sportives. Cela permet de dédramatiser... »*

Quel salaire ?

Fonctionnaire, un psychologue de la PJJ est rémunéré selon une grille comprenant de nombreux échelons relatifs à l'ancienneté. Il débute en moyenne à 1700 € brut par mois, et gagne autour de 3 000 € brut en fin de carrière.

Ça recrute ?

En 2014, 236 personnes ont concouru pour 10 postes en externe. En 2015, 48 postes ont été ouverts au concours externe.

Quels débuts ?

Une fois le concours de l'ENPJJ réussi, les psychologues de la PJJ sont nommés stagiaires avant d'être titularisés.

Quelles études ?

Les psychologues de la PJJ sont formés à l'École nationale de protection judiciaire de la jeunesse (ENPJJ) qui recrute sur concours à bac + 5.

Après le bac en 5 ans

• Le titre de psychologue est obligatoire pour exercer. Il est délivré aux diplômés en psychologie ayant validé un niveau bac + 5. Deux filières de formation au choix :

- l'université, où les études de psychologie commencent par la licence (en 3 ans après le bac) et se poursuivent en master (en 2 ans) ;

- l'École de psychologue praticiens (EPP), privée (5 400 € par an), qui recrute sur concours (tests psychotechniques, entretien) après le bac, pour 5 ans d'études (à Paris ou à Lyon). 170 places en 2015.

• Les lauréats du concours de psychologue de la PJJ sont nommés stagiaires pendant 1 an. Tout en étant en poste, suivis par un psychologue référent, ils bénéficient d'une formation théorique et pratique de 8 semaines, organisée par l'ENPJJ.

À noter

20 000 étudiants s'inscrivent chaque année en 1re année (L1) de psychologie. Seuls 4 500 obtiennent un master.

Retrouvez les études p. 91.

LES CONDITIONS DE TRAVAIL

Travail de terrain, astreintes horaires, situations à risque, affaires complexes, tensions... un contexte à prendre en compte quand on souhaite exercer un métier de la justice.

Sur le terrain
Être dans l'action

Scène de crime, perquisition à domicile, saisie de biens, vente judiciaire, rendez-vous avec un client... autant de situations qui amènent les pros de la justice à aller sur le terrain. *« Je passe la moitié de mon activité à l'extérieur »*, confirme Stéphane Guérin, huissière de justice. Un lieutenant de police aussi est souvent mobilisé, tout comme un avocat, qui doit faire des allers-retours entre son cabinet, le tribunal, le commissariat, la prison... *« Il faut avoir une bonne condition physique pour exercer, parce que l'on est toujours en déplacement »*, précise Denis Fayole, avocat pénaliste à Marseille. Même constat pour Eléna Tutunju, traductrice assermentée : *« En fonction des affaires, je peux être appelée à Paris aussi bien qu'en région parisienne. »*

Dans tous ces métiers, stress et astreintes horaires sont au RDV.

Travail d'équipe
Avancer ensemble

Pour rendre la justice et prendre les bonnes décisions, les professionnels doivent collaborer. *« Au sein d'un même cabinet, les avocats se concertent pour élaborer une stratégie de défense commune*, explique Tiphaine Le Bihan, avocate en droit social à Paris. *Ils échangent sur les dossiers, les lois, la jurisprudence... »* Pour une affaire, les magistrats travaillent avec les enquêteurs (policiers ou gendarmes) comme avec les greffiers qui veillent au bon déroulement de la procédure. Amélie Chaillier, psychologue de la PJJ auprès de jeunes en détention, organise des réunions hebdomadaires pour faire le point. Elle échange beaucoup avec les éducateurs, les professeurs techniques, *« mais aussi les surveillants, qui peuvent repérer certaines choses à côté desquelles nous pouvons passer. Ce travail collectif est essentiel. »*

© CYRIL LAURET/ONISEP

Horaires élastiques
Assurer la continuité du service

La justice ne connaît pas de repos. Ses professionnels non plus, qui doivent pour la plupart se montrer disponibles. *« Mon téléphone professionnel ne me quitte jamais,* souligne Mahdi Belbey, commissaire de police. *Être joignable 24 heures sur 24 fait partie du métier. »* Certains peuvent être d'astreinte pour des raisons de service. C'est le cas d'un substitut du procureur affecté dans un service de permanence. De leur côté, les avocats doivent être prêts à se rendre auprès d'une personne dont la garde à vue est signifiée en pleine nuit, tout comme un traducteur assermenté si le suspect ne parle pas français. Eléna Tutunju témoigne : *« Il n'est pas rare que la gendarmerie me contacte pour une audition. C'est difficile de refuser, car je sais qu'il y a une personne qui a besoin de moi pour s'exprimer. »*

Gérer le stress
Faire face à l'imprévu

Un conflit qui dégénère dans une prison, une intervention de police en pleine rue, un enfant en danger dans sa famille... chaque jour, les professionnels de la justice font face à des situations d'urgence mettant en jeu des vies humaines, et nécessitant du sang-froid. *« Lors des premières permanences, seul, les week-ends, je redoutais d'être appelé pour une affaire lourde »,* se souvient Gaëtan André, capitaine de police. Dans la plupart des métiers, il faut se préparer à vivre des moments de tension, à devoir faire face à l'imprévu, à décider sans paniquer. Les actes peuvent être lourds de conséquences. Maîtriser ses réactions, mesurer ses propos, savoir prendre du recul est la base du métier.

Mobilité
Aimer le changement

Les magistrats et les commissaires sont tenus de changer de poste tous les 4 à 7 ans. Ils peuvent ainsi exercer plusieurs fonctions dans différents services. Cécile Acquaviva, aujourd'hui juge d'instance, hier substitute du procureur, apprécie cette condition : *« Ce que j'adore dans la magistrature, c'est qu'on peut faire différents métiers au cours de sa vie. »* Les autres fonctionnaires de justice (greffiers, éducateurs de la PJJ...) n'ont pas d'obligation de mobilité mais peuvent demander une mutation. Quant aux avocats, huissiers et notaires, ils exercent au sein d'un cabinet ou d'une étude. Les dossiers à traiter sont variés, et ils peuvent évoluer : commencer salarié puis devenir chef d'entreprise !

DICO DES MÉTIERS

TRIBUNAL

AVOCAT/E

★☆

Ces auxiliaires de justice représentent et défendent au tribunal les particuliers ou les entreprises engagés dans une procédure judiciaire. Les avocats généralistes traitent tout type d'affaires : pénale (vols, crimes...), civile (divorces...), commerciale... Les avocats spécialisés exercent dans un domaine précis, comme le droit social ou le droit des affaires. Tous maîtrisent les textes de loi, respectent les procédures et se distinguent comme orateurs lors des plaidoiries.

Formation

École des avocats. Accès sur examen avec un master 1 en droit (bac + 4).

AVOCAT/E D'AFFAIRES

★☆

Ces professionnels travaillent exclusivement pour les entreprises. Leur rôle : les aider à mener à bien leurs projets (acquisition d'une autre entreprise...) et à rédiger les contrats (commerciaux...). Conseillers auprès des dirigeants, les avocats d'affaires peuvent être amenés à plaider (au tribunal de commerce, par exemple) pour défendre les intérêts des sociétés en cas de litiges. Sang-froid et résistance au stress sont essentiels dans ce métier.

Formation

École des avocats. Accès sur examen avec un master 1 en droit (bac + 4).

© CAROLINE MONTAGNE / MJL / DICOM

AVOCAT/E GÉNÉRAL/E

★★

Ne pas les confondre avec les avocats chargés de la défense. En tant que magistrats du parquet, les avocats généraux portent l'accusation. Ils requièrent une peine à l'encontre de la personne mise en examen, au nom de la société civile. Ces professionnels ont les mêmes attributions que les substituts du procureur. Leur particularité : un juge d'instruction les saisit dans les affaires pénales comportant un caractère de gravité et faisant l'objet d'un renvoi devant une cour d'assises. La fonction n'est accessible qu'aux magistrats confirmés.

Formation

École nationale de la magistrature (ENM).
Accès sur concours avec un master 1 (de droit).

GREFFIER/ÈRE DES SERVICES JUDICIAIRES

★☆

Tous les tribunaux ont leur secrétariat au sein duquel exercent les greffiers. Ces derniers gèrent les dossiers des juges, enregistrent les demandes des plaignants, informent les parties (l'accusation et la défense) des dates d'audience, et authentifient les décisions de justice. Transcrire les débats lors des procès et rédiger les décisions du tribunal relève aussi de leur compétence. Rigueur et méthode indispensables pour ces garants de la procédure !

Formation

École nationale des greffes (ENG).
Accès sur concours avec un bac + 2 en droit.

Dans la fonction publique, l'expérience permet d'accéder à des métiers plus élevés.

GREFFIER/ÈRE DES TRIBUNAUX DE COMMERCE

★☆

Ces greffiers organisent le déroulement des procédures. Lors des audiences, ils assistent les juges, rédigent, authentifient puis conservent les décisions de justice rendues par le tribunal. À eux de tenir le registre du commerce et des sociétés, et de diffuser à la demande les informations relatives à leur statut et à leur situation économique. La rigueur est de mise : en effet, une procédure mal engagée peut entraîner l'annulation d'un jugement.

Formation

Stage professionnel de 1 an au sein d'un greffe de tribunal de commerce. Accès avec un master 1 en droit (bac + 4).

GREFFIER/ÈRE EN CHEF DES SERVICES JUDICIAIRES

★☆

Responsables du bon fonctionnement d'un greffe, ces cadres organisent le travail des greffiers et supervisent le budget de « leur » tribunal (tribunal d'instance...). Veiller à la gestion des locaux et des matériels (informatique...) est aussi de leur ressort. Les greffiers en chef sont aussi responsables des minutes (comptes rendus écrits des jugements) et de leur conservation. Outre leurs compétences en droit, ces professionnels doivent savoir diriger une équipe.

Formation

École nationale des greffes (ENG).
Accès sur concours avec un bac + 3 en droit.

★☆ *Accessible directement après ses études*
★★ *Accessible avec de l'expérience*

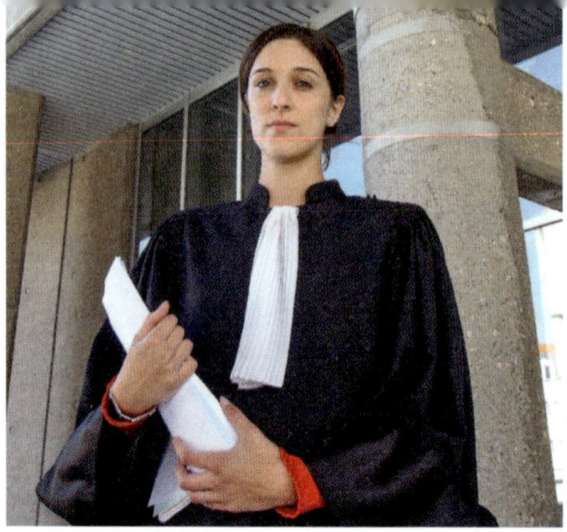

© JÉRÔME PALLÉ / ONISEP

JUGE ADMINISTRATIF/VE

★☆

Annulation abusive d'un permis de conduire, erreur sur le montant d'un impôt... ces magistrats règlent les conflits ou les désaccords entre les justiciables (particuliers mais aussi entreprises, associations...) et l'administration. Exerçant sur un territoire précis, ces juges ont le pouvoir d'annuler la décision contestée par le plaignant, de la modifier ou de condamner l'administration à verser une indemnité à ce dernier.

Formation

6 mois de formation au Conseil d'État.
Accès sur concours avec un bac + 3 (en droit).

JUGE AUX AFFAIRES FAMILIALES (JAF)

★☆

Leur mission principale: traiter les procédures de divorce ou de séparation, et en régler les conséquences. Les JAF décident des droits et devoirs des parents: le lieu de résidence de l'enfant, les droits de visite et d'hébergement, le montant de la pension alimentaire le cas échéant... Diplomates, ces magistrats s'efforcent de prendre la décision la plus acceptable pour toutes les parties, et la plus salutaire pour l'enfant.

Formation

École nationale de la magistrature (ENM).
Accès sur concours avec un master 1 (de droit).

JUGE D'INSTANCE

★☆

Ces magistrats « touche-à-tout » jugent tous les litiges du quotidien, quand les sommes en jeu ne dépassent pas 10 000 €: travaux de rénovation mal exécutés, loyers impayés... Leur incombe également la fonction de juge des tutelles, la tutelle étant une mesure de protection des personnes « diminuées » physiquement ou mentalement, et incapables de gérer seules les actes de la vie courante. Un poste pour les magistrats qui apprécient les missions variées et l'autonomie.

Formation

École nationale de la magistrature (ENM).
Accès sur concours avec un master 1 (de droit).

JUGE D'INSTRUCTION

★☆

Leur rôle: instruire les crimes et délits, et les « mettre en état d'être jugés ». Ces magistrats organisent le travail de la police, mènent les interrogatoires, entendent les témoins... Comme juges, ils délivrent les mandats d'arrêt, organisent les perquisitions, demandent un placement en détention provisoire... Leur travail terminé, reste à décider du non-lieu d'une affaire ou de son renvoi vers la juridiction compétente. La persévérance est de mise pour exercer ce métier exigeant.

Formation

École nationale de la magistrature (ENM).
Accès sur concours avec un master 1 (de droit).

JUGE DE L'APPLICATION DES PEINES (JAP)

★☆

Ces magistrats interviennent après le verdict. Leurs décisions concernent les permissions de sortie, la réduction de peine, la libération... et dépendent du comportement du détenu. Les JAP suivent aussi les condamnés en semi-liberté ou laissés libres, et vérifient qu'ils respectent leurs obligations: recherche d'un emploi, suivi médical, etc. Pour chaque décision, ces juges doivent trouver un équilibre entre le maintien de l'ordre public, le respect des victimes et l'intérêt du condamné.

Formation

École nationale de la magistrature (ENM).
Accès sur concours avec un master 1 (de droit).

JUGE DES ENFANTS

★☆

Les juges des enfants protègent les mineurs maltraités par leur famille. Ces magistrats reçoivent les parents pour choisir la mesure à prendre (placement de l'enfant dans une famille d'accueil ou un foyer, maintien à domicile...). C'est également à eux que revient la lourde tâche de sanctionner les mineurs ayant commis des délits ou des crimes. Des investigations approfondies sur la personnalité et l'environnement familial du jeune les aident à prendre des décisions.

Formation

École nationale de la magistrature (ENM).
Accès sur concours avec un master 1 (de droit).

JUGE DES LIBERTÉS ET DE LA DÉTENTION (JLD)

★★

Après avoir étudié les résultats d'une enquête, ces magistrats ont le pouvoir d'ordonner la détention provisoire d'un prévenu (en attendant le procès) ou d'autres mesures de restriction de liberté, comme l'assignation à domicile. Les JLD statuent aussi sur des cas particuliers: maintien des étrangers en situation irrégulière en centre de rétention, hospitalisation sans leur consentement de personnes souffrant de troubles psychiatriques... Une fonction exercée par des magistrats expérimentés.

Formation

École nationale de la magistrature (ENM).
Accès sur concours avec un master 1 (de droit).

PROCUREUR/E DE LA RÉPUBLIQUE

★★

Sa priorité: défendre les intérêts de la société. Les procureurs sont chargés de coordonner l'enquête de police, de décider de la suite à donner aux affaires, de demander une sanction lors des audiences puis de veiller à l'exécution des peines. Dans les faits, ces magistrats dirigent l'action des substituts en leur déléguant une partie de leurs pouvoirs et prennent en charge les affaires les plus « sensibles ». Plusieurs années d'expérience sont requises pour exercer cette fonction.

Formation

École nationale de la magistrature (ENM).
Accès sur concours avec un master 1 (de droit).

★☆ *Accessible directement après ses études*
★★ *Accessible avec de l'expérience*

SUBSTITUT/E DU PROCUREUR

★★

Placés sous l'autorité d'un procureur de la République, les substituts interviennent à toutes les étapes de la chaîne pénale. Ils coordonnent les enquêtes de police puis décident soit de classer l'affaire, soit de saisir le tribunal pour que la personne mise en examen soit jugée. Lors d'une audience, ils présentent le dossier devant les juges et proposent une sanction. La capacité à prendre des décisions souvent lourdes de conséquences est requise pour exercer cette fonction.

Formation

École nationale de la magistrature (ENM).
Accès sur concours avec un master 1 (de droit).

ÉTUDE

CLERC D'HUISSIER

★★

Leur rôle: assurer le suivi administratif des dossiers d'un huissier. Trois fonctions coexistent. Les clercs significateurs remettent les actes et décisions de justice aux personnes concernées. Les clercs aux procédures se chargent des dossiers de recouvrement de créances et s'assurent que les dettes sont remboursées. À un niveau supérieur, les clercs experts, bras droits des huissiers, suivent les dossiers complexes (hypothèques, procédures immobilières...), contrôlent tous les actes émis et assurent une veille juridique.

Formation

École nationale de la procédure (ENP).
Aucun diplôme requis pour clerc significateur, cursus de 4 mois.
Bac pour clerc aux procédures, cursus de 9 mois.
Master en droit pour clerc expert, cursus de 2 ans.

COLLABORATEUR/TRICE DE NOTAIRE

★★

Contrats de mariage, titres de propriété, donations... tous ces actes notariaux sont préparés et rédigés par les collaborateurs de notaire. Sous la responsabilité d'un notaire, ils assurent également le suivi des dossiers, et conseillent les clients. Ils leur expliquent les termes juridiques liés à un contrat en cours, répondent à leurs questions, et préparent les rendez-vous pour les signatures. Exerçant au sein d'une étude, ces professionnels n'ont aucune responsabilité juridique. Seul un notaire est habilité à signer les actes notariaux.

Formation

BTS notariat (2 ans après le bac), suivi de la licence pro métiers du notariat (1 an), puis du diplôme de l'Institut des métiers du notariat (1 an).

COMMISSAIRE-PRISEUR/EUSE JUDICIAIRE

★★

Contrairement aux commissaires-priseurs volontaires, chargés d'expertiser et de vendre aux enchères des objets ou meubles appartenant à des particuliers, toujours à leur demande, les commissaires-priseurs judiciaires interviennent sur décision de justice. Officiers publics et ministériels relevant du procureur de la République, ils dirigent les ventes publiques prescrites, par exemple, lors de saisies ou de liquidations judiciaires. Le nombre de titres délivrés chaque année est limité.

Formation

Stage professionnel de 2 ans. Accès sur examen avec un double cursus en droit et en histoire de l'art (bac + 3).

HUISSIER/ÈRE DE JUSTICE

★☆

Informer les personnes qu'une action de justice est engagée contre elles : c'est la mission des huissiers. Ils leur remettent pour cela une convocation. Une fois le jugement rendu, les huissiers portent à la connaissance des intéressés la décision de justice, et en assurent l'exécution, notamment en cas de recouvrement des créances. Ils doivent chercher des solutions en proposant un plan de remboursement au débiteur, et procéder aux saisies ou aux expulsions en l'absence d'accord. Établir des constats (dégâts des eaux, malfaçons...) fait également partie de leurs missions.

Formation

Stage professionnel de 2 ans.
Accès sur examen avec un master 1 de droit.

© ZUCHERO / FOTOLIA.COM

NOTAIRE

★☆

Impossible d'acheter ou de vendre un appartement sans leur signature ! Ces officiers publics donnent aux actes et aux contrats une valeur juridique. Ils constatent officiellement l'accord des parties lors d'un contrat de mariage, d'une succession, etc. En apposant leur sceau et leur signature, les notaires s'engagent personnellement sur le contenu et la date de l'acte. Informer et conseiller les personnes sur la nature et la portée de leurs engagements fait également partie de leurs missions.

Formation

Stage professionnel de 2 ans à 30 mois selon la voie ; accès avec un master 2 en droit.

COMMISSARIAT ET GENDARMERIE

COMMISSAIRE DE POLICE

★☆

Leur mission ? Diriger un service de la Police nationale (commissariat, service de police judiciaire ou de renseignement, école de police, etc.), ainsi que l'ensemble des personnels qui y sont affectés. Au quotidien, entre le terrain et leur bureau, ils organisent et coordonnent l'action des officiers placés sous leur responsabilité (lieutenants, commandants, etc.). Garants des objectifs définis par le ministre de l'Intérieur, les commissaires sont les interlocuteurs privilégiés des autorités locales (communales ou départementales) en matière de sécurité. Principales qualités requises : une réelle aptitude au management d'équipe et une grande disponibilité.

Formation

École nationale supérieure de la police (ENSP).
Accès sur concours avec un bac + 5 (master ou diplôme d'IEP).

EXPERT/E JUDICIAIRE

★★

Médecine, architecture, art, comptabilité... spécialisés dans un domaine précis, les experts judiciaires collaborent avec les magistrats en apportant leurs connaissances et leurs compétences sur un sujet lors d'un jugement. Une manière de collaborer à la résolution des affaires! Mais attention, ces professionnels sont avant tout des spécialistes dans leur discipline: l'expertise est une fonction qu'ils n'endossent que ponctuellement, une fois inscrits sur une liste de la cour d'appel et assermentés.

Formation

Doctorat universitaire (bac+8) ou diplôme d'ingénieur (bac+5) dans la spécialité.

GENDARME ENQUÊTEUR/TRICE

★☆

Du cambriolage à l'homicide, ces officiers de police judiciaire (OPJ) mènent l'enquête en participant à de nombreuses investigations de proximité. Sur le terrain, ils procèdent à des recherches préliminaires, reçoivent plaintes et dénonciations. Les OPJ s'occupent également de flagrants délits et établissent des procès-verbaux. Toujours en mouvement, les gendarmes enquêteurs doivent savoir coopérer, en s'adaptant à des situations très variées, parfois difficiles. Une excellente condition physique et psychologique est requise.

Formation

École nationale des officiers de la Gendarmerie nationale (EOGN).
Accès sur concours avec un bac+5 (master ou diplôme d'IEP).

INTERPRÈTE JUDICIAIRE

★★

Audition d'un témoin allemand dans une affaire de vol, interrogatoire d'un ressortissant bulgare après une arrestation, écoute téléphonique... dès lors qu'une personne ne parlant pas ou comprenant mal le français est placée en garde à vue, mise en examen ou citée comme témoin dans une affaire pénale, un interprète judiciaire est sollicité pour faire le lien entre cette personne et les policiers. Disponibles, les interprètes judiciaires peuvent être appelés à toute heure du jour ou de la nuit, pour une durée indéterminée. Ces professionnels assument souvent les fonctions de traducteur assermenté.

Formation

Diplôme d'université (DU) traducteur-interprète judiciaire de l'Esit.
Accès avec une licence en langues (bac+3).

© LAURENCE PRAT / ONISEP

LIEUTENANT/E DE POLICE

★☆

Adjoints du commissaire, les lieutenants mènent l'enquête. Qu'il s'agisse de petite délinquance ou d'une menace terroriste, ils conduisent des investigations et des interrogatoires, assurent des filatures, etc. Leur objectif : démanteler un trafic, trouver une information, et contribuer à résoudre une affaire. De retour au bureau, ces officiers de police consignent auditions et perquisitions dans des procès-verbaux. Une bonne condition physique est requise pour assurer les surveillances de nuit, les heures de travail certains week-ends, etc.

Formation

École nationale supérieure de la police (ENSP).
Accès sur concours avec un bac + 3 (licence de droit conseillée).

MÉDECIN LÉGISTE

★☆

Les médecins légistes ne se réduisent pas aux cadavres qu'ils « font parler » lors des autopsies. La plupart de leurs patients leur sont adressés dans le cadre d'affaires de viols, d'agressions ou d'accidents de la route. Ces praticiens ne prodiguent pas de soins, mais constatent et analysent des faits (coups et blessures) qu'ils consignent dans des rapports, voire qu'ils exposent devant les tribunaux. Examens traumatologiques, gynécologiques, connaissances en anatomie et physiologie… leur diagnostic repose sur une culture médicale globale.

Formation

Spécialisation en médecine légale et expertises médicales, après un cursus de médecine (12 ans d'études après le bac).

TECHNICIEN/NE DE LA POLICE TECHNIQUE ET SCIENTIFIQUE

★☆

Biologistes, chimistes, informaticiens… ces techniciens apportent aux policiers la preuve scientifique d'un délit. Au sein d'un laboratoire de police scientifique, ils réalisent des analyses physico-chimiques permettant de relever des traces de sang, étudient des explosifs, examinent de faux documents… Dans un service d'identité judiciaire, ils se concentrent sur la recherche d'empreintes ou d'indices sur les lieux d'une infraction. Dans le service de l'informatique et des traces technologiques, ils décortiquent, entre autres, des communications téléphoniques.

Formation

Accès sur concours avec un bac + 2 dans la discipline choisie (chimie, biologie, informatique…).

TRADUCTEUR/TRICE ASSERMENTÉ/E

★★

Un étranger a besoin de documents officiels pour obtenir un titre de séjour ? Un traducteur assermenté doit alors traduire les pièces d'origine exigées par les autorités françaises : extrait d'acte de naissance, livret de famille… ou traduire des documents français demandés par les autorités étrangères. Les traducteurs judiciaires sont les seuls professionnels habilités à réaliser des traductions certifiées pour les particuliers, les avocats, les administrations… Ils sont souvent traducteurs et interprètes judiciaires.

Formation

Diplôme d'université (DU) traducteur-interprète judiciaire de l'Esit.
Accès avec une licence en langue (bac + 3).

★☆ *Accessible directement après ses études*
★★ *Accessible avec de l'expérience*

PRISON

CONSEILLER/ÈRE PÉNITENTIAIRE D'INSERTION ET DE PROBATION (CPIP)

★☆

Lorsqu'ils exercent en prison, ils aident les détenus à maintenir un lien social et à préparer leur réinsertion afin d'éviter les récidives. En milieu ouvert, c'est un juge de l'application des peines qui les mandate. Leur rôle ? Suivre des personnes soumises à des mesures de justice sans être incarcérées (travaux d'intérêt général, obligation de soins...). Ils vérifient que les peines sont respectées, expliquent certaines décisions si nécessaire... Dernière étape : la remise d'un rapport détaillé au juge. Notions de psychologie et de droit pénal bienvenues.

Formation

École nationale d'administration pénitentiaire (Enap). Accès sur concours avec un bac + 2.

© LAURENCE PRAT / ONISEP

DIRECTEUR/TRICE DES SERVICES PÉNITENTIAIRES

★☆

À la tête d'un établissement pénitentiaire ou d'un service pénitentiaire d'insertion et de probation, ils doivent assurer la sécurité des lieux, gérer les questions financières, encadrer et soutenir le personnel (des surveillants aux comptables). Autre rôle, essentiel : coordonner les activités des intervenants extérieurs (psychologue, conseiller d'insertion et de probation, etc.). Ouverts au dialogue, bons communicants, ces directeurs savent prendre des responsabilités et agir avec fermeté et sens de la mesure.

Formation

École nationale d'administration pénitentiaire (Enap). Accès sur concours avec un bac + 3.

ÉDUCATEUR/TRICE DE LA PJJ

★☆

Les éducateurs de la protection judiciaire de la jeunesse (PJJ) interviennent, sur décision de justice, auprès de jeunes délinquants ou de mineurs en danger, victimes de graves difficultés familiales, notamment de violences. Leur mission est double : assurer le suivi des mesures prononcées par le juge (réparation des dégâts, travail d'intérêt général, placement dans une famille d'accueil ou un foyer...), et apporter une aide éducative. Pour y parvenir, les éducateurs peuvent monter des projets culturels ou sportifs, accompagner les jeunes dans une recherche de formation, etc. Un métier à la croisée du social et du judiciaire.

Formation

École nationale de protection judiciaire de la jeunesse (ENPJJ). Accès sur concours avec un bac + 2.

LIEUTENANT/E PÉNITENTIAIRE

★☆

Leur principale mission ? Surveiller les détenus et garantir leur sécurité au sein de l'établissement. Au quotidien, les lieutenants pénitentiaires circulent dans les couloirs, ouvrent et ferment les portes, font passer les repas, assurent une surveillance lors des activités extérieures, etc. Ils gèrent également certains conflits. Autre volet de leur activité : aider les détenus dans leurs démarches administratives, les inciter à participer à un projet associatif ou sportif... L'écoute, le sang-froid et la vigilance font partie des qualités indispensables.

Formation

École nationale d'administration pénitentiaire (Enap). Accès sur concours avec un bac + 3.

PSYCHOLOGUE DE LA PJJ

★☆

Les psychologues de la protection judiciaire de la jeunesse (PJJ) interviennent auprès des mineurs délinquants ou en danger, ainsi que des majeurs placés sous protection judiciaire. Qu'ils travaillent en centre d'action éducative, en établissement de placement ou en centre pénitentiaire pour mineurs, ils collaborent étroitement avec l'ensemble des équipes éducatives (éducateurs spécialisés...), sociales et judiciaires (magistrats...) pour analyser les problématiques psychiques auxquelles se heurtent les jeunes qu'ils suivent afin de les aider à les surmonter.

Formation

Un bac + 5 en psychologie (master ou diplôme de l'École de psychologues praticiens) est obligatoire pour obtenir le titre de psychologue praticien et passer le concours de la PJJ.

© KATARZYNA BIALASIEWICZ / ISTOCK.COM

★☆ *Accessible directement après ses études*
★★ *Accessible avec de l'expérience*

LIBRAIRIE

www.onisep.fr/lalibrairie

RETROUVEZ ET COMMANDEZ LES PUBLICATIONS DE L'ONISEP EN VERSION PAPIER ET AU FORMAT NUMÉRIQUE

TOUTE L'INFO SUR LES MÉTIERS ET LES FORMATIONS

onisep

Liberté • Égalité • Fraternité
RÉPUBLIQUE FRANÇAISE

MINISTÈRE DE L'ÉDUCATION NATIONALE, DE L'ENSEIGNEMENT SUPÉRIEUR ET DE LA RECHERCHE

ÉTUDES

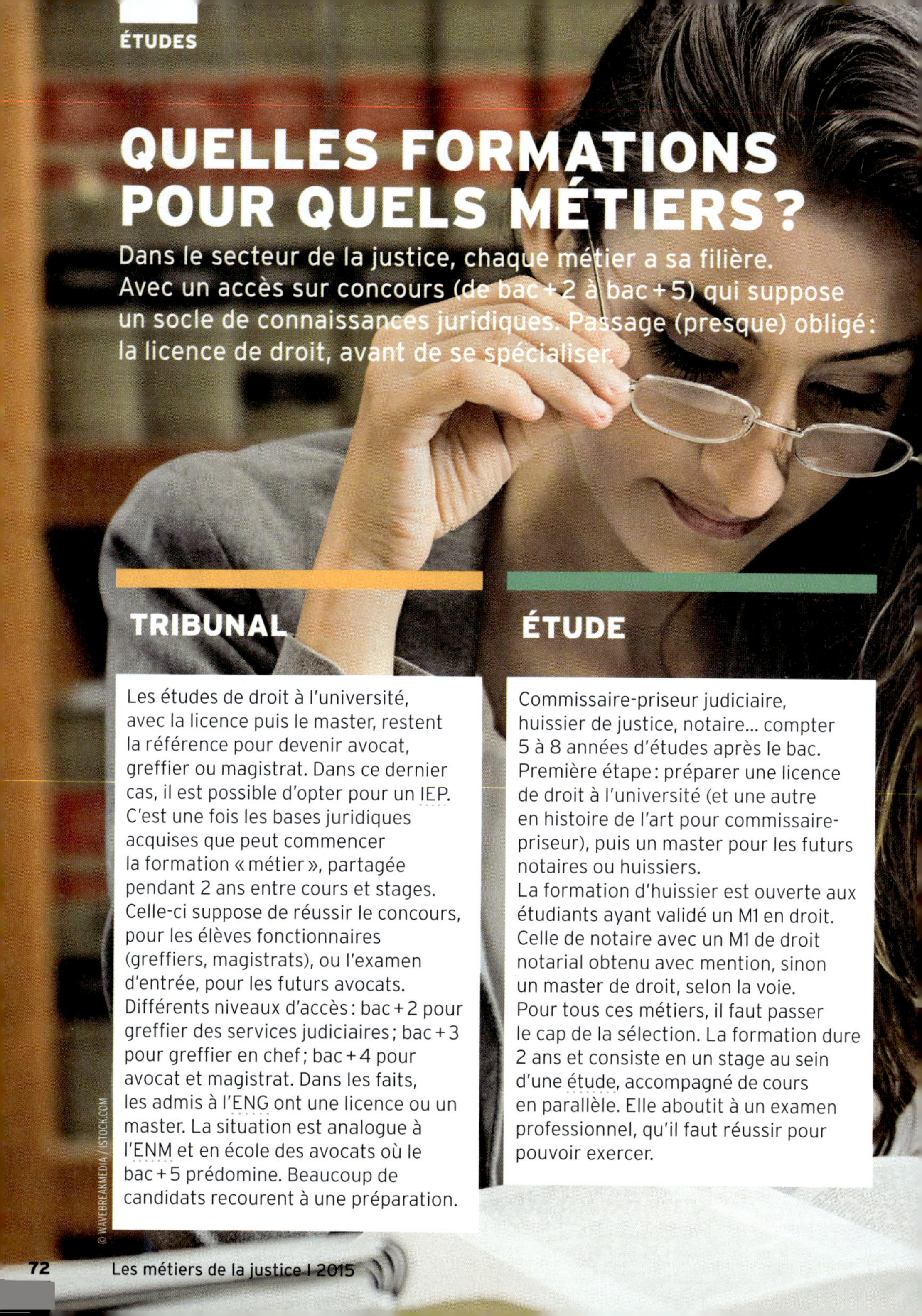

QUELLES FORMATIONS POUR QUELS MÉTIERS ?

Dans le secteur de la justice, chaque métier a sa filière. Avec un accès sur concours (de bac + 2 à bac + 5) qui suppose un socle de connaissances juridiques. Passage (presque) obligé : la licence de droit, avant de se spécialiser.

TRIBUNAL

Les études de droit à l'université, avec la licence puis le master, restent la référence pour devenir avocat, greffier ou magistrat. Dans ce dernier cas, il est possible d'opter pour un IEP. C'est une fois les bases juridiques acquises que peut commencer la formation « métier », partagée pendant 2 ans entre cours et stages. Celle-ci suppose de réussir le concours, pour les élèves fonctionnaires (greffiers, magistrats), ou l'examen d'entrée, pour les futurs avocats. Différents niveaux d'accès : bac + 2 pour greffier des services judiciaires ; bac + 3 pour greffier en chef ; bac + 4 pour avocat et magistrat. Dans les faits, les admis à l'ENG ont une licence ou un master. La situation est analogue à l'ENM et en école des avocats où le bac + 5 prédomine. Beaucoup de candidats recourent à une préparation.

ÉTUDE

Commissaire-priseur judiciaire, huissier de justice, notaire… compter 5 à 8 années d'études après le bac. Première étape : préparer une licence de droit à l'université (et une autre en histoire de l'art pour commissaire-priseur), puis un master pour les futurs notaires ou huissiers.
La formation d'huissier est ouverte aux étudiants ayant validé un M1 en droit. Celle de notaire avec un M1 de droit notarial obtenu avec mention, sinon un master de droit, selon la voie.
Pour tous ces métiers, il faut passer le cap de la sélection. La formation dure 2 ans et consiste en un stage au sein d'une étude, accompagné de cours en parallèle. Elle aboutit à un examen professionnel, qu'il faut réussir pour pouvoir exercer.

© WAVEBREAKMEDIA / ISTOCK.COM

Certains cursus sélectionnent sur tests d'aptitude physique et psychologique.

COMMISSARIAT ET GENDARMERIE

On accède à la police judiciaire après avoir réussi un concours de recrutement. Si celui d'officier de police (lieutenant) est ouvert à bac + 3, la plupart des lauréats ont un bac + 5. C'est le niveau requis pour se présenter aux concours de commissaire et d'officier de gendarmerie (gendarme enquêteur). Le cursus à suivre avant de s'y présenter ?
Les études de droit à l'université, avec la licence puis le master, sont souvent choisies. Les IEP sont bien représentés. L'École de droit de Sciences Po Paris propose ainsi un master carrières judiciaires et juridiques, intéressant pour les futurs commissaires. Les lauréats des concours sont formés à l'ENSP ou à l'EOGN, avec une alternance d'enseignements et de stages.
Les professionnels de la police technique et scientifique ont suivi un cursus universitaire en sciences, ou ont étudié dans une école d'ingénieurs.

PRISON

Pour exercer dans le milieu pénitentiaire, il faut réussir un concours de recrutement. Parfois, l'accès se situe à bac + 2 (lieutenant pénitentiaire, conseiller pénitentiaire d'insertion et de probation, éducateur de la PJJ). Mais la majorité des admis a un niveau supérieur. D'autres fois, il faut un bac + 5 (directeur des services pénitentiaires, psychologue de la PJJ).
La concurrence est partout importante car le nombre de places est limité.
La voie à privilégier ? Cela dépend du métier. Après le bac, il est possible de préparer un DUT (carrières juridiques ou carrières sociales) ou, mieux, une licence (droit, sciences humaines) qui permet de poursuivre en master.

Les lauréats des concours sont formés à l'Enap ou à l'ENPJJ. Les cours alternent avec des stages sur le terrain.

5 QUESTIONS AVANT DE SE LANCER

Les métiers de la justice se préparent dans diverses formations s'appuyant le plus souvent sur un cursus initial en droit. Durée, modalités d'études, conditions d'accès... Repères.

École ou université
Où se former ?

Les métiers de la justice s'apprennent dans des écoles ou des centres de formation professionnelle. Les stages y alternent avec les cours théoriques comme dans les écoles des avocats (EDA) ou dans celles de la police (ENSP), de la magistrature (ENM), des greffes (ENG) et d'administration pénitentiaire (Enap). Parfois, le stage au sein d'un office constitue l'essentiel du cursus (notaire, huissier, commissaire-priseur) et débouche sur un examen professionnel. Dans tous les cas, l'accès à la formation est sélectif, et suppose d'avoir déjà suivi des études supérieures (mis à part la formation de clerc aux procédures, accessible aux bacheliers).
Le niveau requis va de bac + 2 à bac + 5. Le plus souvent, des connaissances juridiques sont demandées pour réussir les épreuves. Or le droit s'étudie surtout à l'université : en DUT carrières juridiques, en licence de droit, puis en master. Les instituts d'études juridiques (IEJ) proposent aussi des cours de droit.

Niveau d'accès
Faut-il avoir le bac ?

Pour entreprendre des études supérieures, notamment à l'université en DUT ou en licence, il faut avoir le bac (ou un diplôme équivalent). Ce diplôme n'est pas obligatoire pour s'inscrire en BTS mais, cette filière étant sélective (sur dossier, voire entretien), la plupart des admis sont titulaires du bac. Particularité des formations juridiques, il est possible d'y accéder avec la capacité en droit (diplôme équivalent au bac). Celle-ci se prépare en 2 ans à l'université dans le cadre de cours du soir et/ou le samedi matin, ou encore en ligne (*via* le télé-enseignement universitaire quand il existe). La capacité en droit est ouverte aux non-bacheliers, mais certains étudiants titulaires du bac choisissent de suivre cette formation avant de rejoindre la licence de droit, réputée difficile, pour acquérir des bases juridiques (ils préparent alors la capacité en 1 an au lieu de 2).

Tableau comparatif des formations professionnelles p. 107.

Profil
Le droit, indispensable ?

Si un diplôme en droit n'est pas toujours exigé pour exercer dans ce secteur, quelques connaissances sont nécessaires, même pour les métiers à la frontière du social et du judiciaire comme éducateur de la PJJ ou conseiller d'insertion et de probation. Des compétences juridiques sont en revanche indispensables pour les métiers qui appliquent la loi (commissaire-priseur judiciaire, notaire, huissier de justice, directeur des services pénitentiaires), interviennent dans la décision de justice (magistrat et avocat) ou au cours de la procédure pénale (greffier, officier de police judiciaire). Les spécialisations en droit intervenant en master seulement, un nombre d'années d'études important s'impose avant d'exercer. D'autant plus que certaines compétences s'acquièrent uniquement sur le terrain dans le cadre de stages dans différents services ou structures et auprès des publics.

Durée d'études
Combien d'années prévoir ?

Le nombre d'années dépend du métier visé. Dans le domaine de la justice, seule la formation de clerc aux procédures est accessible après le bac ; elle dure 1 an en alternance dans le cadre d'un contrat de professionnalisation. Pour les autres cursus professionnels, il faut compter au minimum 3 ou 4 ans d'études après le bac. Parmi les formations accessibles avec un bac + 2, celle de lieutenant pénitentiaire dure 1 an ; celle de greffier, 18 mois ; celles d'éducateur de la PJJ et de conseiller pénitentiaire d'insertion et de probation, 2 ans. Cependant, comme les lauréats des concours et des examens ont souvent un niveau supérieur à celui requis, la durée d'études peut s'allonger. Pour accéder aux formations d'avocats, de magistrats, de notaires, d'huissiers, de commissaires... le sésame est le master ou un diplôme d'institut d'études politiques (préparés en 5 ans après le bac) ; s'ensuit, pour les lauréats, un cursus de 18 mois à 3 ans. Sans oublier les experts judiciaires qui sont souvent titulaires d'un doctorat (en 8 ans après le bac) ou les médecins (dont le cursus se déroule en 9 à 11 ans après le bac).

Sélection
Un passage obligé ?

Seule la licence universitaire est accessible de droit avec le bac ou un diplôme équivalent. Les autres cursus (BTS, DUT et master) sélectionnent les étudiants sur dossier scolaire, voire sur entretien. Quant aux formations professionnelles de la justice, elles prévoient toutes un accès sous conditions. Les métiers de la fonction publique recrutent tous sur concours : greffiers et greffiers en chef, magistrats, agents de l'administration pénitentiaire, personnels de la PJJ, policiers (des gardiens de la paix aux commissaires, en passant par les techniciens de la police technique et scientifique), gendarmes (sous-officiers et officiers). Les lauréats sont formés et rémunérés en tant que stagiaires avant d'être titularisés sur un poste selon leur rang de classement à l'école. Du côté des auxiliaires de justice (avocats, commissaires-priseurs judiciaires, huissiers de justice, notaires), les formations sont accessibles sur examen d'entrée, et se clôturent par un examen professionnel d'aptitude qu'il faut réussir pour exercer.

QUELS BACS POUR QUELLES FORMATIONS ?

Différents bacs ouvrent l'accès aux formations permettant d'exercer dans la justice. Quelques exemples des cursus possibles selon la série de bac et le projet professionnel.

Après le bac ES

Les titulaires du bac ES sont présents en BTS notariat (qui ne prépare pas au métier de notaire). Ils prédominent en DUT carrières sociales, qui ouvre l'accès au concours d'éducateur de la PJJ, et en DUT carrières juridiques, qui permet de passer le concours de greffier ou de rejoindre la licence de droit (en L2 ou en L3). Les économistes sont majoritaires dans cette filière, où leurs capacités de synthèse sont un atout. La licence de droit leur permet de passer les concours de directeur des services pénitentiaires, de greffier en chef ou d'officier de police. Cependant, ils ont intérêt à continuer en master, puisque de nombreux cursus recrutent à bac + 4 (avocat, magistrat) ou à bac + 5 (notaire, huissier, gendarme enquêteur, commissaire). Les sciences humaines sont à choisir pour exercer au sein de la PJJ (comme psychologue) ou des services pénitentiaires (comme conseiller d'insertion et de probation). Les langues vivantes permettent de devenir interprète judiciaire.

Certaines formations recrutent sans le bac, par la voie de la capacité en droit.

© FERLISTOCKPHOTO / ISTOCK.COM

Après le bac L

Les bacheliers L se dirigent majoritairement vers l'université où ils sont nombreux en licence de droit. Leurs capacités à s'exprimer, disserter et argumenter leur offrent des chances de réussite. Ils devront poursuivre en master, et réussir un concours ou un examen pour pouvoir se former à l'un des métiers de la justice. Quel que soit le niveau d'accès, la plupart des lauréats ont un bac + 5. Pour devenir commissaire-priseur judiciaire, il faut, en plus de la licence de droit, obtenir une licence d'histoire de l'art. Beaucoup de bacheliers L s'inscrivent en licence de langues qui leur permet de continuer en master traduction-interprétation et de devenir, avec de l'expérience, interprète judicaire (les traducteurs assermentés sont peu nombreux). D'autres optent pour les sciences humaines (histoire, psychologie, sociologie...), bien adaptées aux professions à la frontière du social et du judiciaire. Les littéraires sont peu présents en BTS notariat comme en DUT carrières sociales ou carrières juridiques.

Après le bac S

Les bacheliers S sont peu représentés dans les cursus courts d'accès au secteur, qu'il s'agisse du BTS notariat ou des DUT carrières sociales et carrières juridiques. Ils sont plus nombreux dans les formations menant à des diplômes de niveau bac + 5 (master, diplôme d'ingénieur ou d'IEP), bac + 8 (doctorat) ou plus (diplôme d'État de dentiste, médecin ou pharmacien). À la fac, les bacheliers S sont largement majoritaires en santé et en sciences. Ceux attirés par la médecine, l'expertise judiciaire ou la police technique et scientifique peuvent s'inscrire en 1re année commune aux études de santé (PACES) pour passer les concours de médecine, d'odontologie ou de pharmacie, ou bien en licence avant de continuer en master puis en doctorat. Mentions au choix : sciences de la vie, physique, chimie, informatique, mécanique. Les scientifiques sont aussi à l'aise en psychologie, à envisager pour une orientation vers la PJJ (éducateur, psychologue). Les bacheliers S qui envisagent un métier juridique (avocat, juge...) optent pour le droit. Ils y réussissent généralement bien.

Après le bac STMG

Les bacheliers STMG sont majoritaires en BTS notariat, qui ouvre l'accès à la licence pro métiers du notariat et à la profession de collaborateur de notaire. En DUT, ils sont présents en carrières sociales, et surtout en carrières juridiques. Cette dernière spécialité les prépare aux fonctions d'assistant juridique auprès des avocats ou des huissiers. Le niveau bac + 2 leur permet de se présenter aux concours de lieutenant pénitentiaire et de greffier. La plupart des diplômés rejoignent la licence de droit. Cependant, l'enseignement de cette discipline à l'université est très différent de celui du lycée. À la fac, les bacheliers STMG choisissent aussi les licences sciences humaines (qui ouvrent aux métiers d'éducateur de la PJJ ou de conseiller d'insertion et de probation).

Après un bac pro

Certains bacheliers pro accèdent au BTS notariat et au DUT carrières sociales. Ils sont rares en DUT carrières juridiques. Peu sont suffisamment armés pour continuer en licence ; or les concours de la justice ne recrutent pas en deçà de bac + 3.

LES BTS à la loupe

Après le bac

→ 2 ans

Le brevet de technicien supérieur notariat mène au métier de collaborateur de notaire ou à une poursuite d'études en licence pro.

PLANÈTE MÉTIERS

Objectif des BTS : rendre les diplômés immédiatement opérationnels. Les enseignements pro occupent la moitié de l'emploi du temps en 1re année, les deux tiers en 2de année. S'y ajoutent jusqu'à 16 semaines de stage en entreprise. Le reste est consacré aux matières générales (français, langues, mathématiques, économie…). Certains établissements proposent la formation en apprentissage.

AMBIANCE LYCÉE

Les étudiants retrouvent en section de techniciens supérieurs (STS) un cadre familier : le lycée, le plus souvent, avec des classes de 30 élèves, une trentaine d'heures de cours par semaine et une présence obligatoire. Cours, travaux dirigés (TD), travaux pratiques (TP), devoirs et projets à rendre : le rythme de travail est soutenu. Si les frais de scolarité sont gratuits dans le public, ils peuvent être élevés dans certains établissements privés.

ADMISSION SUR DOSSIER

Les candidatures se font sur le portail APB. La sélection par les établissements porte sur les bulletins de 1re et de terminale, et parfois des tests de niveau. Une lettre de motivation peut être jointe au dossier scolaire. Les titulaires d'un bac technologique ou professionnel obtenu avec une mention « bien » ou « très bien » sont admis de droit dans une spécialité cohérente avec leur bac.

EXAMEN FINAL

Pour obtenir son BTS, il faut réussir un examen national en fin de 2de année, intégrant une part de contrôle continu. Comme les matières générales comptent parfois autant que les disciplines professionnelles, il ne faut pas les négliger. Le BTS vaut 120 crédits européens (ECTS).

INSERTION OU POURSUITE D'ÉTUDES

Si un bac + 2 peut constituer une porte d'entrée dans le secteur, le BTS notariat prépare surtout à exercer comme collaborateur de notaire, et aucunement comme notaire. Les titulaires du diplôme ont intérêt à continuer en licence professionnelle (en 1 an). L'accès à la licence est possible mais difficile.

Repère

Les formations au **métier de notaire** requièrent un niveau bac + 5. Master en droit obligatoire (en 2 ans après la licence de droit).

Info@

Si certains concours de la justice sont accessibles à bac + 2, l'ENG, l'Enap et l'ENPJJ accueillent plus souvent en formation les titulaires d'une licence (bac + 3).

BTS notariat

POUR QUI ?

Les titulaires du bac STG (actuel STMG) sont majoritaires (24 %), devant les ES (19 %), les L (10 %) et les titulaires de bac pro (11 %). Les autres admis (36 %) ont déjà entrepris des études à l'université. Forte sélection.

OÙ ?

Dans 24 lycées publics et 41 établissements privés, dont une quinzaine d'instituts des métiers du notariat. Possibilité d'apprentissage dans 3 lycées.

AU PROGRAMME

En 2 ans, les élèves se forment au métier de collaborateur de notaire. Ils apprennent à constituer un dossier (succession, vente, donation…), à réunir les pièces et à les exploiter, à rédiger, puis à gérer l'agenda et le suivi des dossiers.

Le cursus, d'une trentaine d'heures par semaine, comprend des enseignements en droit général et notarial (acteurs de la vie juridique, régimes matrimoniaux, successions, droits et biens, actes et faits juridiques, droit de l'entreprise, rural, fiscalité…), techniques notariales (communication et information, organisation, rédaction des actes et formalités), environnement économique et managérial du notariat, culture générale et expression, anglais… Des activités professionnelles en relation avec les cours sont prévues (mise en situation avec constitution de dossier), ainsi qu'un stage de 12 semaines au sein d'un office notarial.

ET APRÈS ?

La plupart des diplômés poursuivent leurs études. Possibilité de rejoindre la licence pro métiers du notariat pour acquérir un niveau de qualification supérieur, la licence pro professions immobilières, voire la licence de droit (entrée en L2, sous conditions).

BTS notariat, quels débouchés ?

L'avis de Didier Laurent-Bonne,

directeur de l'Institut des métiers du notariat (IMN) de Clermont-Ferrand (63)

« Ce BTS prépare au métier de collaborateur de notaire. Je conseille à nos élèves de poursuivre leurs études, pour acquérir de nouvelles compétences, gagner en autonomie, et être mieux payés par la suite. La licence pro métiers du notariat permet de faire une 4ᵉ année en contrat de professionnalisation pour passer le diplôme de l'Institut des métiers du notariat (DIMN). Un diplômé à bac + 2 gagnera 1740 € brut par mois contre 1925 € brut avec un bac + 4. Même si l'objectif de ce cursus n'est pas de devenir notaire, certaines passerelles existent. À Clermont-Ferrand, par exemple, les meilleurs stagiaires peuvent intégrer un M1 droit civil et notarial après leur DIMN, ce qui peut les mener vers la formation de notaire. »

Retrouvez la liste des établissements proposant ce BTS p. 126.

LES DUT *à la loupe*

Après le bac

→ 2 ans

Deux diplômes universitaires de technologie (DUT) au choix. L'un vise l'éducation spécialisée; l'autre, les carrières juridiques. Ils servent souvent de tremplin vers des études longues.

THÉORIE ET PRATIQUE

Plus polyvalent que le BTS, le DUT accorde autant de place à la théorie qu'à l'enseignement professionnel. Des projets à réaliser et 10 semaines de stage au minimum sensibilisent les étudiants au monde de l'entreprise. En 2de année, des enseignements préparent à la poursuite d'études ou à l'insertion professionnelle. Certains instituts universitaires de technologie (IUT) proposent la formation en apprentissage.

TRAVAIL ENCADRÉ

L'IUT offre les avantages de l'université (proximité avec la recherche, frais d'inscription d'environ 200 € par an, etc.), tout en garantissant un suivi pédagogique plus étroit. Les cours magistraux (CM) en amphi représentent moins du quart des quelque 30 heures de cours hebdomadaires. Le reste du temps est consacré à des travaux réalisés en petits groupes (TD, voire TP). Beaucoup de travail personnel est également à prévoir.

ACCÈS SÉLECTIF

Les candidatures se font *via* le portail APB. Sont examinés le profil de bac, les résultats obtenus depuis la classe de 1re, les appréciations des enseignants et la lettre de motivation. Certains IUT organisent des entretiens ou des tests. Les titulaires d'un bac technologique obtenu avec la mention « bien » ou « très bien » sont admis de droit dans une spécialité en cohérence avec leur série.

CONTRÔLE CONTINU

Les connaissances sont évaluées grâce aux interrogations, aux exposés, aux projets et au mémoire professionnel qui jalonnent la formation. Pour obtenir le DUT, il faut valider 4 semestres valant chacun 30 crédits européens (ECTS).

NOMBREUSES POURSUITES D'ÉTUDES

Malgré des débouchés souvent assurés, quatre diplômés sur cinq choisissent de continuer leurs études. La plupart poursuivent à l'université, en licence professionnelle ou en licence. D'autres rejoignent une école spécialisée.

Repère

Un IUT propose la formation en 1 an appelée **« année spéciale »** (AS) pour les candidats ayant suivi 2 années d'enseignement supérieur.

À savoir

La **capacité en droit.** Diplôme équivalent au bac, elle permet aux non-bacheliers de s'inscrire en DUT carrières juridiques. Formation en 2 ans à l'université en cours du soir et/ou le samedi matin, voire en ligne.

DUT carrières juridiques

POUR QUI ?

Les bacheliers ES sont majoritaires (46 %) en DUT, devant les STG, actuel STMG (31 %), les L (12 %) et les S (8 %). Les bacheliers pro représentent 2 % de l'effectif. Forte sélection : à l'IUT Lyon 3, par exemple, 1500 dossiers pour 150 places.

OÙ ?

Dans 12 IUT publics. Formation en alternance possible (apprentissage ou contrat pro).

AU PROGRAMME

En DUT carrières juridiques, on ne fait pas que du droit ! Pluridisciplinaire, ce diplôme a pour objectif de former, en 2 ans, des techniciens supérieurs polyvalents, avec des compétences en droit, mais aussi en gestion, en comptabilité... Le cursus comprend une trentaine d'heures de cours par semaine. La moitié est consacrée au droit civil (des personnes, de la famille, des biens), droit processuel, droit constitutionnel, droit pénal, droit des affaires, droit commercial, droit des contrats, droit du travail, droit administratif... L'autre moitié porte sur la comptabilité, l'économie d'entreprise, la fiscalité, la communication et l'expression, les langues. Des projets et des cas pratiques en groupe sont prévus. En 2de année, les étudiants se spécialisent en administration publique, banque/assurance ou juriste d'entreprise, et effectuent 10 semaines de stage.

ET APRÈS ?

La plupart des diplômés continuent en licence pro (seule la spécialité métiers du notariat prépare à un métier de la justice) ou en licence droit (accès en L2 ou L3) en vue du master. Possibilité de passer le concours de l'École nationale des greffes (les admis ont souvent une licence droit), ou des écoles de police, administration pénitentiaire et protection judiciaire de la jeunesse.

Poursuivre en licence de droit ?

L'avis de Lucie Carron-Rapegno,

cheffe du département carrières juridiques à l'IUT Lyon 3

« 85 % de nos étudiants continuent leurs études après le DUT. La moitié d'entre eux s'inscrit en licence pro (notariat, activités juridiques, immobilier, banque, RH...), qui est la suite logique du DUT ; l'autre moitié rejoint une licence de droit ou d'administration économique et sociale (AES), ou passe les épreuves du diplôme de comptabilité et de gestion (DCG). La commission d'équivalences de l'université peut décider d'intégrer les meilleurs en L3 de droit (10 environ), où ils réussissent dans l'ensemble.

Les autres rejoignent une L2, souvent jugée difficile. Nous ne conseillons pas aux futurs bacheliers d'entrer en DUT pour poursuivre ensuite en licence de droit. Pour certains, entrer en DUT après le bac est sécurisant, ils sont encadrés, ils ont une obligation de présence... La fac leur fait un peu peur. Mais il ne faut pas oublier que le DUT est avant tout un diplôme professionnalisant, et non une classe préparatoire à la faculté de droit. »

Retrouvez la liste des universités proposant le DUT p. 127.

DUT carrières sociales option éducation spécialisée (ES)

POUR QUI ?

L'accès au DUT se fait avec le bac, sur résultats scolaires et entretien. On attend des candidats beaucoup de maturité et une connaissance du secteur social. En 2014, sur 978 bacheliers entrant en 1re année d'IUT carrières sociales (toutes options confondues), 38 % venaient de ES, 19 % de ST2S, 14 % de L, 11 % de STG (actuel STMG), 8 % de S et 7 % de bacs pro.

OÙ ?

Cette option est proposée dans 7 IUT. Pas de possibilité d'apprentissage.

AU PROGRAMME

La formation s'organise en 2 années. En plus des enseignements communs aux cinq options du DUT qui apportent des connaissances générales sur l'homme et la société, et des compétences en expression et communication, des cours sont spécifiques à l'option ES. L'unité d'enseignement (UE) environnement institutionnel aborde la question des politiques publiques, du droit, des fondements de l'éducation spécialisée, des enjeux économiques et sociaux, etc. Celle consacrée aux sociétés, populations, publics porte sur la sociologie, la psychopathologie, les populations et les territoires. Une autre porte sur les techniques éducatives ; elle est axée sur le projet personnel et professionnel. Trois stages obligatoires.

ET APRÈS ?

Si le DUT permet d'exercer en tant que travailleur social, la plupart des diplômés choisissent de préparer le diplôme d'État d'éducateur spécialisé. D'autres rejoignent une licence. Un niveau bac + 3 favorise les chances de réussite au concours d'éducateur de la PJJ.

DUT : tremplin vers l'Enap ?

L'avis de Karyn Berrou,

adjointe de la responsable de l'unité formation conseiller d'insertion et de probation à l'Enap

« Les titulaires de DUT sont très peu représentés dans nos effectifs. Pourtant, la réussite au concours de CPIP n'est pas impossible pour ces profils. Les épreuves consistent à rédiger une note de synthèse et une dissertation à partir d'un sujet de culture générale. L'important est déjà d'avoir un bon bagage scolaire. Les écrits font aussi partie du métier. Tout comme la relation à l'autre et l'ouverture d'esprit. Les candidats issus du droit sont favorisés pour leur connaissance de la chaîne pénale, leur maîtrise du langage, leur esprit de synthèse… Ceux issus de la psychologie, pour leur connaissance du développement de la personnalité. Mais, au-delà de la filière suivie, il faut surtout que le candidat soit prêt à travailler dans un univers spécifique, à côtoyer les situations précaires, à travailler sur des faits durs, tout en restant objectif et respectueux du mandat judiciaire confié. »

Retrouvez la liste des universités proposant le DUT CS p. 127.

LES LICENCES ET LES MASTERS

Droit, économie, gestion, sciences humaines, arts, lettres et langues, sciences... sous ces domaines, l'université propose un large éventail de spécialisations. Un parcours qui se construit pas à pas jusqu'au master à bac + 5.

Après le bac

→ en 3 à 5 ans

UN PARCOURS EN DEUX TEMPS

Les études longues à l'université commencent par la licence (bac + 3), généraliste. Pour développer leur compétence professionnelle, ses titulaires poursuivent le plus souvent en master, ou rejoignent une école spécialisée. Ceux qui ne souhaitent pas aller jusqu'au bac + 5 peuvent, après la 2e année de licence (L2), préparer une licence professionnelle en 1 an.

BIEN CHOISIR SA FILIÈRE

Droit, histoire de l'art, langues étrangères, psychologie, sociologie, sciences de la vie... la mention visée correspond-elle à son profil et à son projet ? Il est indispensable de prendre l'avis d'enseignants lors des journées portes ouvertes (JPO) ou du dispositif offert par le portail d'inscription APB. Car, si la plupart des licences sont ouvertes à tout bachelier, selon les domaines, certaines séries de bac sont plus adaptées.

UNE SPÉCIALISATION PROGRESSIVE

Assurant la transition entre le lycée et l'université, le programme de L1 est pluridisciplinaire, ce qui facilite au besoin les changements de cap. Les 2 années suivantes (L2 et L3) se chargent d'approfondir les bases acquises en L1. Amorcée en L3 par un choix de parcours, la spécialisation prend effet au cours des 2 années de master. *À noter :* un stage ou un cursus alternant cours et emploi renforce la professionnalisation.

UNE LIBERTÉ À SURVEILLER

Au début, les étudiants auront peut-être l'impression que le rythme est moins intensif qu'au lycée. Or revoir ses cours, les enrichir par des recherches personnelles, préparer les travaux dirigés (TD)... exige un investissement important. Tutorat proposé par des étudiants plus avancés, séances de soutien assurées par les enseignants, bilans d'étape... autant de perches à saisir.

Repère

L2, L3 : accès direct possible selon son profil. On peut commencer par un DUT avant de rejoindre la licence.

M1, M2 : les 2 années de master. Accès de droit en M1 avec une licence compatible, sinon sur dossier ; accès sélectif en M2.

Info@

www.onisep.fr/organisation_licence
Pour découvrir les 3 années de licence.

www.onisep.fr/reussir_licence
Conseils pour franchir le cap de la 1re année à la fac.

Études juridiques, jusqu'où aller ?

Certains concours sont accessibles à bac+2 (greffier, éducateur de la PJJ, conseiller d'insertion et de probation, lieutenant pénitentiaire) ou à bac+3 (greffier en chef, lieutenant de police, directeur des services pénitentiaires). Mais la majorité des candidats qui s'y présentent a un niveau supérieur. Viser la licence de droit, c'est se donner de meilleures chances de réussite. Les connaissances générales acquises en 3 ans s'avéreront utiles aux concours. Elles sont par ailleurs indispensables pour poursuivre ses études en master. Or nombre de métiers recrutent à bac+4 (avocat, magistrat) ou à bac+5 (commissaire de police, huissier, notaire).

Quel profil pour réussir en droit ?

Il vaut mieux parler de compétences et d'aptitudes personnelles que d'un profil type lié à la série de bac. Les ES sont les plus nombreux à s'inscrire en droit, suivis par les L, les S et quelques STMG. En licence, la discipline est entièrement nouvelle, et chacun doit l'appréhender comme telle ! Le droit repose sur l'analyse, le raisonnement et la capacité à argumenter. Si les L sont plus à l'aise en dissertation, en expression écrite et orale, les S compensent rapidement en étant plus méthodiques et rigoureux dans leur approche de la discipline. Réussir en droit, c'est d'abord, et surtout, adopter la bonne méthode de travail, comprendre certains mécanismes, une façon de penser, tout en faisant preuve d'une bonne capacité de travail.

Quand se spécialiser ?

En droit, les études s'organisent en deux temps : la licence, puis le master. En L1 et en L2, les étudiants s'initient aux bases de la discipline (droit public, droit privé) et à la méthodologie (décrypter un texte juridique, lire un arrêt). En L3, ils peuvent choisir une spécialisation (droit civil, droit public des affaires...), qu'ils confirment en master. Ce choix est étroitement lié au projet professionnel. Ainsi, il est recommandé d'approfondir le droit privé lorsqu'on vise l'examen d'accès à une école des avocats. Les spécialités droit pénal et carrières judiciaires sont, elles, bien adaptées pour les concours de recrutement de la magistrature (ENM), des greffes (ENG) et de la police judiciaire (ENSP et EOGN). Quant à la spécialité administration pénitentiaire, elle convient à ceux qui envisagent de se présenter aux concours de l'Enap.

Quelle préparation aux concours ?

Le Centre national d'enseignement à distance (Cned) propose une préparation à distance pour la plupart des concours ou examens. La fac, elle, ne prépare qu'à certains. Environ 30 instituts d'études judiciaires (IEJ) dispensent ainsi, en 1 an, des cours théoriques calqués sur les épreuves de l'examen d'accès aux écoles des avocats ou du concours de l'ENM. Certains IEJ préparent aussi aux concours de commissaire de police, de greffier et de l'administration pénitentiaire.

Licence droit

POUR QUI ?

Les bacheliers ES sont majoritaires, devant les L et les S. Les bacheliers STMG peuvent s'y inscrire, mais la discipline a peu à voir avec ce qu'ils ont étudié au lycée.

OÙ ?

Dans une vingtaine d'universités.

AU PROGRAMME

Au cours des 3 années de licence, l'étudiant acquiert les bases de la discipline : droit civil, administratif, constitutionnel, pénal, finances publiques, droit des affaires, institutions, droit de l'Union européenne... Il apprend à utiliser le vocabulaire juridique, à lire un arrêt ou un texte de loi, à le commenter, à construire un plan et à rédiger une discussion juridique. Des travaux dirigés (TD) permettent d'étudier des cas concrets, et de mettre en œuvre les règles théoriques enseignées en cours magistraux. À cela s'ajoutent des cours sur l'histoire du droit, les institutions administratives, judiciaires, européennes et internationales, les sciences politiques, les relations internationales, et parfois l'économie. Bien que généraliste, la 3e année permet d'initier une spécialisation dans le cadre d'un parcours : droit privé (droit civil, droit commercial, droit de l'entreprise, droit du travail), droit public (droit administratif, finances publiques, droit international public) ou relations internationales. À choisir en fonction de son projet. Certaines universités offrent la possibilité d'effectuer un stage.

ET APRÈS ?

La grande majorité des diplômés poursuit en master (droit privé, droit public, droit social, droit fiscal...) avec la possibilité, dès la fin du M1, de rejoindre un cursus professionnel ou de passer un concours.

Passer le cap de la 1re année

L'avis de Patrick Chaumette,

professeur de droit à l'université de Nantes

« L'autonomie et la motivation sont les deux principaux éléments de réussite en 1re année. On conseille aux étudiants de bien préparer les séances de travaux dirigés, organisées chaque semaine, et de lire les documents avant de s'y rendre. Il ne faut pas se contenter d'apprendre ses cours par cœur. Un étudiant a tout intérêt à aller à la bibliothèque, à consulter des manuels, des ouvrages de référence, afin de confronter ses notes à ce qu'il trouve. Le par cœur ne sert à rien si l'on ne comprend pas ce qu'on apprend, ou s'il y a des incohérences dans les notes prises en amphi. Il est essentiel de fournir un travail continu, pour s'approprier le vocabulaire et les notions spécifiques aux études de droit. »

Retrouvez la liste des universités proposant cette licence p. 131.

LES 4 ÉCOLES DE LA JUSTICE *à la loupe*

Après un bac + 2/3
→ en 1 à 2 ans
Après un bac + 4
→ en 2 à 3 ans
Après un bac + 5
→ en 1 an

Elles forment les fonctionnaires de justice: greffiers, juges, mais aussi directeurs de prison, conseillers d'insertion et de probation, éducateurs de la PJJ... Le sésame: réussir les concours de recrutement.

INTÉGRER LA FONCTION PUBLIQUE

En France, les professionnels de la justice sont souvent des fonctionnaires d'État. Pour exercer comme magistrat, greffier ou greffier en chef des services judiciaires, personnel de la protection judiciaire de la jeunesse (PJJ), agent de l'administration pénitentiaire (AP)..., il faut être admis à un concours de recrutement dans l'une des écoles concernées. Il existe autant de concours que de métiers (ou de fonctions). Le nombre de places est fixé à chaque session.

NIVEAUX D'ACCÈS THÉORIQUES

La sélection des candidats se fait sur épreuves et entretien. Le niveau d'accès varie selon le métier. Certains concours sont ouverts à bac + 2: greffier, conseiller pénitentiaire d'insertion et de probation, éducateur de la PJJ, lieutenant pénitentiaire; d'autres, à bac + 3: directeur des services pénitentiaires, greffier en chef; à bac + 4: magistrat, voire à bac + 5: psychologue de la PJJ. Le taux d'admission étant faible (de 5 à 12 %), les candidats ont souvent un diplôme supérieur à celui requis. Certains n'hésitent pas à suivre une préparation spécifique au concours.

FORMATION AXÉE SUR LES STAGES

Une fois admis, les élèves alternent cours à l'école et stages pratiques. La dernière année de formation est souvent conçue comme une préaffectation dans un service. Plusieurs établissements forment les professionnels de justice. L'École nationale de la magistrature (ENM) à Bordeaux forme les magistrats, en 3 ans; celle des greffes (ENG) à Dijon, les greffiers et greffiers en chef, en 2 ans dans les deux cas. L'École nationale de PJJ à Roubaix forme les éducateurs, en 2 ans, et les psychologues, en 8 semaines. Celle de l'AP à Agen, les directeurs des services, lieutenants et conseillers d'insertion et de probation (cursus en 1 à 2 ans).

À savoir

Enap, ENG, ENM, ENPJJ: dans ces écoles, les admis sont élèves fonctionnaires le temps de leur formation, et rémunérés. Ils sont titularisés au terme du cursus après validation du stage.

Repère

Plusieurs **itinéraires** possibles avant de passer les concours: licence, master (droit, psychologie...), DUT (carrières juridiques ou carrières sociales), école sociale, institut d'études politiques (IEP).

Bac + 2, un niveau suffisant ?

Plusieurs concours sont ouverts à bac + 2 : conseiller d'insertion et de probation, éducateur de la PJJ, greffier des services judiciaires, lieutenant pénitentiaire. Toutefois, la plupart des candidats qui réussissent ont un niveau supérieur. Il est donc judicieux d'aller au-delà. D'autant plus que la licence ouvre de nouvelles possibilités : à bac + 3, les concours de greffier en chef et de directeur des services pénitentiaires. En revanche, il faut pousser jusqu'au master pour se présenter au concours de magistrat (ouvert à bac + 4) et à celui de psychologue de la PJJ (bac + 5 requis).

Des bases en droit indispensables ?

Dans le secteur de la justice, les profils sont assez différents selon la fonction exercée. Certains métiers reposent sur la connaissance des textes de loi et de la procédure pénale. C'est le cas des greffiers et greffiers en chef, des juges et substituts du procureur, qui sont recrutés sur leurs compétences juridiques. Les professionnels de la PJJ ou de l'administration pénitentiaire se distinguent davantage par leurs compétences humaines (psychologie, pédagogie, communication...) et/ou administratives. Même s'ils ont besoin de connaître le système judiciaire dans l'exercice de leur fonction.

Écoles de la justice, combien ça coûte ?

Les études sont prises en charge par le ministère de la Justice, donc gratuites pour les élèves. Fonctionnaires stagiaires, ces derniers sont même rémunérés le temps de leur formation. Quand ils sont à l'ENG, les élèves greffiers perçoivent 1500 € net par mois et les élèves greffiers en chef, 1800 €. Quand ils sont à l'Enap, les élèves conseillers d'insertion et de probation touchent 1300 € net par mois et les élèves directeurs des services pénitentiaires, 1589 €. Quand ils sont en formation à l'ENM, les auditeurs de justice gagnent 1650 € net par mois.

Comment préparer le concours de l'ENM ?

1 candidat au concours sur 10 intègre l'ENM. Pour augmenter leurs chances, beaucoup suivent une préparation. Formation privilégiée par les candidats : les instituts d'études judiciaires (IEJ), dans lesquels ils s'inscrivent en parallèle du master. Deux tiers des lauréats en sont issus. Autre voie, celle des instituts d'études politiques (IEP). Un quart des lauréats. L'école précise que, si les connaissances juridiques sont indispensables, elle recherche des personnalités en accord avec le métier de magistrat.

Retrouvez la liste des établissements de formation p. 134.

Conseiller pénitentiaire d'insertion et de probation

POUR QUI ?

Le concours est accessible à bac + 2 (DUT carrières sociales ou carrières juridiques, L2 droit ou sciences humaines...), mais les admis ont souvent une licence, voire un master. Les profils sont variés : psychologie, sociologie, histoire, droit notamment.

QUELLE SÉLECTION ?

Sur épreuves écrites (composition sur l'évolution politique, économique et sociale de la France ; note de synthèse à partir d'un dossier portant sur les libertés publiques ou certaines problématiques liées à la justice) et orales. En 2014, 7 632 candidats se sont présentés pour 362 places.

OÙ ?

À l'École nationale d'administration pénitentiaire (Enap), à Agen (47).

AU PROGRAMME

La formation dure 2 ans. Côté théorie, trois objectifs en 1re année : comprendre le cadre des activités du conseiller (histoire et droit pénitentiaire, insertion et prévention de la récidive, règles pénitentiaires européennes, approche des religions, insertion sociale). Ensuite, maîtriser les outils et les techniques (criminologie clinique, psychiatrie criminelle, prévention du suicide, dispositifs d'accès à l'emploi, animation de groupe). Enfin, apprendre à adapter la prise en charge (violences intrafamiliales, prise en charge des personnes handicapées). Ces enseignements sont complétés pour moitié par des stages. La 2de année se passe presque entièrement sur le terrain.

ET APRÈS ?

Possibilité de devenir chef de service d'insertion et de probation.

Directeur des services pénitentiaires

POUR QUI ?

Le concours est ouvert à bac + 3. Pour la promotion 2015, 76 % des élèves sont diplômés en droit. D'autres voies de formation sont possibles, comme les instituts d'études politiques (IEP), les sciences humaines, etc.

QUELLE SÉLECTION ?

À l'écrit : une composition, la rédaction d'une note, et une composition ou une étude de cas dans une matière au choix. À l'oral : un entretien de recrutement, une interrogation et une épreuve de langue vivante. La grande majorité des reçus a un niveau supérieur à celui requis. En 2015 : 67 % des admis avaient un bac + 5 ; 21 %, un bac + 4 ; 6 %, un bac + 3.

OÙ ?

À l'École nationale d'administration pénitentiaire (Enap), à Agen (47).

AU PROGRAMME

Organisée en 2 ans, avec une alternance de cours à l'Enap et de stages, la formation prépare à l'exercice de fonctions d'encadrement, de direction, de conception, d'expertise et de contrôle dans les établissements et les services de l'administration pénitentiaire. Principales compétences visées : le pilotage et la mise en œuvre des politiques de prise en charge des publics concernés (détenus notamment), la gestion des ressources humaines et financières, les connaissances en matière de responsabilité pénale et administrative, etc. Les stages permettent une véritable professionnalisation. La 2de année se déroule en qualité de stagiaire.

ET APRÈS ?

Possibilité de devenir chef d'établissement pénitentiaire.

Éducateur de la PJJ

POUR QUI ?

Le concours est ouvert à bac + 2 (DUT carrières sociales, L2 sciences humaines), mais ce niveau d'accès concerne un tiers des admis en 2014. La plupart des candidats ont au moins un bac + 3 (en droit, psychologie, histoire, géographie, sociologie...).

QUELLE SÉLECTION ?

Le concours prévoit une dissertation sur un sujet de société et un entretien avec un jury. En 2015, 1092 candidats se sont présentés pour 90 places.

OÙ ?

À l'École nationale de protection judiciaire de la jeunesse (ENPJJ) à Roubaix (59).

AU PROGRAMME

La formation dure 2 ans. En 1re année, quatre sessions de cours sont prévues pour apprendre les bases théoriques du métier : cadre général de la justice des mineurs (droit, législation), cours sur le mineur, sa famille et son environnement (sciences de l'éducation), mais aussi pédagogie et techniques professionnelles (conduire un entretien, rédiger un rapport au juge). La 2de année est consacrée aux stages.

ET APRÈS ?

La plupart des diplômés débutent en centre de placement. Possibilité de devenir chef de service éducatif ou responsable d'unité éducative, au sein de la PJJ.

Greffier des services judiciaires

POUR QUI ?

Le concours est ouvert à bac + 2. Dans les faits, les admis ont souvent une licence (bac + 3), voire un master (bac + 5). Profil juridique recommandé.

QUELLE SÉLECTION ?

À l'écrit : un cas pratique à partir d'un dossier documentaire portant sur des problématiques de droit administratif, juridique ou procédural ; deux compositions portant sur l'une des options suivantes : droit civil, procédure civile, droit pénal, procédure pénale, droit du travail, procédure prud'homale. À l'oral : une épreuve orale visant à apprécier la personnalité, la motivation et les aptitudes du candidat. La sélection est forte : en 2013, 274 candidats pour 50 places ; 96 postes en 2015. Le Centre national d'enseignement à distance (Cned) et certains instituts d'études judiciaires (IEJ) proposent une préparation au concours.

OÙ ?

À l'École nationale des greffes (ENG), à Dijon (21).

AU PROGRAMME

La formation dure 18 mois. Les élèves greffiers commencent par 12 semaines de cours à l'ENG : enseignements juridiques (notamment les procédures civile, pénale...) et informatiques. Puis ils effectuent 32 semaines de stage en juridictions (tribunal d'instance, tribunal correctionnel...). Ils terminent leur formation par la période de préaffectation d'une durée de 25 semaines.

ET APRÈS ?

Affectation sur une liste de postes vacants, décidée en fonction du classement des étudiants à leur sortie de l'ENG.

Greffier en chef des services judiciaires

POUR QUI ?

Le concours est ouvert à bac + 3 (licence droit, de préférence). Les admis ont souvent un niveau bac + 4 ou bac + 5 (master).

QUELLE SÉLECTION ?

Sur épreuves écrites et orales : une note de synthèse à partir de documents ou une dissertation sur un sujet portant sur les aspects politiques, économiques, sociaux et culturels du monde contemporain ; une composition sur le droit civil, pénal ou du travail ; une série de questions sur le droit ; épreuves facultatives (langue étrangère, droit des affaires...). Très forte sélection : en 2013, 38 candidats sur 982 ont été admis. Le Centre national d'enseignement à distance (Cned) et certains instituts d'études judiciaires (IEJ) proposent une préparation au concours.

OÙ ?

À l'École nationale des greffes (ENG), à Dijon (21).

AU PROGRAMME

La formation dure 18 mois. Elle comporte des périodes de cours à l'ENG (30 semaines) et des stages en juridiction (cour d'assises, tribunal d'instance, tribunal de grande instance...). En cours sont abordés les procédures (civile, pénale...), le management et la gestion budgétaire. Les 15 ou 16 dernières semaines sont consacrées à la préaffectation des élèves.

ET APRÈS ?

Affectation sur une liste de postes vacants, décidée en fonction du classement des étudiants à leur sortie de l'ENG.

Lieutenant pénitentiaire

POUR QUI ?

Le concours est ouvert à bac + 2. Les profils sont variés, mais une grande majorité des admis a un niveau bac + 4 ou bac + 5. Seulement 5 % un bac + 2, et 8 % un bac + 3. La plupart viennent de l'université (droit, lettres, sciences humaines, économie), ainsi que des instituts d'études politiques (IEP).

QUELLE SÉLECTION ?

À l'écrit : des questions portant sur les institutions et les principes de la Ve République, l'actualité, etc., et la rédaction d'un compte rendu d'incident. À l'oral : tests psychotechniques et entretien avec un psychologue, épreuves sportives, entretien avec le jury.

OÙ ?

À l'École nationale d'administration pénitentiaire (Enap), à Agen (47).

AU PROGRAMME

En 1 an, la formation s'appuie sur l'alternance, avec quatre cycles de scolarité à l'Enap et cinq périodes de stage (deux de découverte, un stage de mise en situation, un de professionnalisation, et un de préaffectation, en fin de cursus). Pour la partie théorique, les enseignements permettent aux futurs lieutenants d'apprendre à se situer dans leur environnement professionnel, à communiquer dans diverses situations, à assurer la prise en charge des publics, et la sûreté et la sécurité de l'établissement et des personnes. Les compétences acquises consistent à savoir manager les services et les ressources.

ET APRÈS ?

Possibilité, sous conditions d'ancienneté, d'accéder aux fonctions de chef de détention, d'adjoint au chef d'établissement, ou de chef d'établissement d'une structure de moins de 250 détenus.

Magistrat

POUR QUI ?

Le concours est ouvert à bac + 4 (en droit de préférence). Dans les faits, la plupart des étudiants ayant réussi le concours d'entrée ont un bac + 5 (M2 en droit, diplôme d'institut d'études politiques).

QUELLE SÉLECTION ?

Sur épreuves écrites (composition sur une question de société, droit civil, droit pénal, organisation de l'État et de la justice, note de synthèse…) et orales (langue étrangère, différentes matières du droit, épreuve de mise en situation, entretien avec un jury…). En 2015, sur les 1483 étudiants présents aux épreuves, 173 ont été admis. Les candidats tentent parfois plusieurs fois d'intégrer l'école, mais le nombre de tentatives est limité à trois. Certains choisissent de suivre une préparation spécifique au concours pour augmenter leurs chances.

OÙ ?

À l'École nationale de la magistrature (ENM), à Bordeaux (33).

AU PROGRAMME

En 31 mois, la formation alterne périodes théoriques et pratiques. Les étudiants suivent des cours de simulation d'audience, de déontologie, de culture institutionnelle, d'entretien judiciaire, de prise de décision… et effectuent des stages en cabinet d'avocats, en prison en tant que surveillant, en police ou en gendarmerie, et auprès des juges. Ils apprennent à être magistrat avant de se former aux différentes spécialités (juge des enfants, d'instance…).

ET APRÈS ?

Affectation sur une liste de postes vacants, décidée en fonction du classement des étudiants à leur sortie de l'ENM.

Psychologue de la PJJ

POUR QUI ?

Concours ouvert aux titulaires du titre de psychologue (bac + 5). Celui-ci s'obtient soit à l'issue du master de psychologie (préparé à l'université), soit à l'issue du diplôme de l'École de psychologues praticiens (EPP), établissement privé à Paris et à Lyon.

QUELLE SÉLECTION ?

Pour l'admissibilité, épreuve de psychologie clinique comportant l'étude d'un cas mineur. Pour l'admission, entretien avec le jury sur la fonction de psychologue, avec présentation d'un travail théorique ou pratique par le candidat. 48 postes en 2015.

OÙ ?

À l'École nationale de protection judiciaire de la jeunesse (ENPJJ), à Roubaix (59).

AU PROGRAMME

Les candidats admis au concours sont nommés psychologues stagiaires pendant 1 an. Ils reçoivent, en parallèle, une formation sur l'institution judiciaire et l'organisation des services de la protection judiciaire de la jeunesse selon le rythme suivant : 1 semaine à l'ENPJJ en début de stage ; 4 semaines de stage pratique auprès d'un psychologue référent de la PJJ ; 10 jours de groupe d'analyse clinique traitant des diverses situations rapportées par les psychologues stagiaires ; 1 semaine de regroupement à l'ENPJJ en fin de stage portant sur les écrits professionnels et le travail en équipe pluridisciplinaire.

ET APRÈS ?

Les psychologues sont nommés à leur poste en centre d'insertion, en centre d'action éducative, en centre pénitentiaire, etc.

LES 2 ÉCOLES DE POLICE JUDICIAIRE *à la loupe*

Après un bac + 3
→ en 18 mois

Après un bac + 5
→ en 2 ans

Elles forment les officiers de police judiciaire (OPJ): commissaires et lieutenants de police pour l'une, gendarmes enquêteurs pour l'autre. Ces fonctionnaires sont recrutés sur concours très sélectifs.

CONCOURS DE RECRUTEMENT

Les OPJ sont fonctionnaires d'État. Ils appartiennent soit à la Police nationale, soit à la Gendarmerie nationale. Pour exercer, il leur faut réussir un concours. Deux niveaux d'accès coexistent: bac + 3, pour lieutenant de police; bac + 5, pour commissaire de police et officier de gendarmerie. Les concours étant très sélectifs, certains candidats suivent une préparation spécifique. D'autres tentent leur chance dans une catégorie inférieure: lieutenant (plutôt que commissaire) ou sous-officier de gendarmerie (plutôt qu'officier).

SÉLECTION SUR PROFIL

Aux trois concours, la sélection se fait sur épreuves écrites et orales visant à évaluer les connaissances générales des candidats, notamment juridiques. Les OPJ sont par ailleurs recrutés sur la base de leurs aptitudes physiques (acuité visuelle, épreuves sportives) mais aussi psychiques (tests, mises en situation, gestion du stress). L'entretien permet ensuite au jury d'évaluer leurs motivations pour le volet judiciaire, pour le volet administratif, et d'aborder avec eux les questions de valeurs, de déontologie, d'engagement... Limite d'âge: 27 ans pour la gendarmerie, 35 ans pour la police.

FORMATION PROFESSIONNELLE

Une fois admis au concours, les élèves suivent des cours théoriques et pratiques à l'école, et effectuent des stages dans différents services sur le mode de l'alternance. Les élèves commissaires sont formés en 2 ans à l'École nationale supérieure de la police (ENSP) de Saint-Cyr-au-Mont-d'Or (69). Les élèves lieutenants, à l'ENSP de Cannes-Écluse (77) en 18 mois. Les gendarmes enquêteurs sont formés à l'École des officiers de la Gendarmerie nationale (EOGN) à Melun (77) pendant 2 ans.

À savoir

Les admis à l'ENSP et à l'EOGN sont **élèves fonctionnaires** et sont rémunérés le temps de leur formation. Ils sont titularisés après validation du stage.

Repère

Un gardien de la paix peut passer le **concours interne** de lieutenant de police, sans avoir de bac + 3. Un lieutenant, celui de commissaire sans détenir un bac + 5. Sous conditions d'âge et d'ancienneté.

Quel profil pour entrer dans la police judiciaire ?

La plupart des admis aux concours de lieutenant ou de commissaire viennent de la filière droit. Jusqu'à présent, les épreuves favorisaient les candidats maîtrisant déjà certaines notions juridiques, ou connaissant la discipline. Mais les concours ont été revus. Désormais, les épreuves évaluent aussi des compétences personnelles, liées à la condition physique, à la gestion du stress ou à l'attitude en situation professionnelle. Objectif : valider un savoir-être, une capacité à manager, à encadrer des équipes. Enfin, un certain niveau de culture générale est attendu, notamment une connaissance des institutions politiques.

Comment se préparer au concours ?

Les concours de la police et de la gendarmerie sont très sélectifs : 5 % de réussite à celui de commissaire, par exemple. Pour augmenter leurs chances, les étudiants peuvent se préparer au sein d'un institut d'études judiciaires (IEJ). Une condition : avoir validé un master 1 de droit.
Les instituts d'études politiques (IEP) proposent aussi une préparation à ces concours. Dans ces métiers, de nombreux fonctionnaires évoluent par la voie des concours internes. Sous conditions d'ancienneté notamment, elle représente un tremplin de choix pour accéder à d'autres fonctions. Un lieutenant peut, par exemple, se présenter au concours de commissaire, en interne ; un sous-officier de gendarmerie, à celui d'officier.

Commissaire de police

POUR QUI ?

Le concours est ouvert à bac + 5. La plupart des admis ont un master 2 en droit (notamment carrières judiciaires) ou un diplôme d'institut d'études politiques (IEP). Limite d'âge : 35 ans au plus.

QUELLE SÉLECTION ?

Nouvelles épreuves depuis 2015. À l'écrit : culture générale, résolution d'un cas pratique, QCM, et deux compositions portant l'une sur le droit administratif général ou le droit de l'UE, l'autre sur le droit pénal général ou la procédure pénale. Épreuves orales et sportives. 26 places en 2015.

OÙ ?

À l'École nationale supérieure de la police (ENSP), à Saint-Cyr-au-Mont-d'Or (69).

AU PROGRAMME

En 2 ans, la formation alterne modules à l'ENSP et stages. Durant la première phase de 18 mois (dont 8 en stage pour découvrir la fonction de commissaire), les cours portent sur la procédure pénale policière, les services de sécurité et les partenariats spécifiques. L'accent est mis sur le management (gestion d'équipe, ressources humaines...). Des modules sur les techniques professionnelles permettent d'aborder l'investigation, le maintien de l'ordre et les différents publics. Ce socle se termine par des épreuves professionnelles, la présentation d'un rapport d'étude et le choix du poste. La deuxième phase, dite « d'adaptation » à l'emploi, consiste en un stage de 6 mois sur un poste similaire à celui choisi. Les dernières 6 semaines préparent à la prise de fonction effective.

ET APRÈS ?

Possibilité de devenir commissaire divisionnaire. Et, ensuite, contrôleur puis inspecteur général, plus haut niveau de responsabilité.

Gendarme enquêteur

POUR QUI ?

Le concours d'officier de gendarmerie est ouvert à bac + 5 (master 2 droit notamment, diplôme d'institut d'études politiques). Limite d'âge : 27 ans au plus.

QUELLE SÉLECTION ?

Sur épreuves écrites (culture générale, synthèse de dossier, épreuve à option), entretien et tests, organisation de la défense, langue étrangère, sport. Environ 30 places par an.

OÙ ?

À l'École des officiers de la Gendarmerie nationale (EOGN) de Melun (77).

AU PROGRAMME

La formation dure 2 ans. En 1re année : enseignement militaire (pendant 15 semaines) et professionnel (droit, intervention professionnelle, langues, etc.) ponctué par de nombreux stages. En 2de année, formation professionnelle dans l'une des quatres filières : sécurité publique générale ; maintien de l'ordre/défense ; police judiciaire ; sécurité routière. La filière police judiciaire, qui conduit aux postes de gendarme enquêteur, inclut une mise en situation (enquête judiciaire), des stages de formation en criminalistique et police judiciaire, un stage de 1 mois dans une unité de recherches.

Retrouvez la liste des établissements de formation p. 134.

Lieutenant de police

POUR QUI ?

Le concours est ouvert à bac + 3, mais de nombreux candidats se présentent avec un niveau supérieur (bac + 4 ou bac + 5). Une majorité d'entre eux est issue de la filière juridique (licence, master) ou d'un institut d'études politiques (IEP).

QUELLE SÉLECTION ?

Sur épreuves écrites (dissertation de culture générale ; note de synthèse sur un sujet d'actualité ; épreuve portant sur le droit pénal général ou la procédure pénale ; épreuve à option), orales (entretien d'aptitude, sur la base de tests psychotechniques, et de motivation ; épreuve à option ; langue étrangère) et physiques. En 2015, 33 places.

OÙ ?

À l'École nationale supérieure de la police (ENSP), à Cannes-Écluse (77).

AU PROGRAMME

En 18 mois, la formation alterne cours à l'école et stages dans des services de police ou dans d'autres administrations. Les futurs officiers suivent des enseignements en commandement et en management, en droit pénal, en libertés publiques et en procédure pénale. Plus spécifiques, des modules de formation théorique et pratique abordent, par exemple, la police administrative générale (maintien de l'ordre, violences urbaines, sécurité routière...), les gestes techniques et professionnels en intervention, la police technique et scientifique, etc.

ET APRÈS ?

Avec de l'ancienneté, évolution au grade de capitaine, puis de commandant. Possibilité (comme capitaine et commandant) de présenter le concours interne de commissaire.

LES CURSUS PRO *à la loupe*

Avocats, huissiers, notaires... ils apprennent leur métier dans le cadre de stages professionnels longs et de cours en centres privés. Sélectifs à l'entrée, ceux-ci préparent au certificat d'aptitude à exercer la profession.

CERTIFICAT D'APTITUDE EXIGÉ

En France, les professions de la justice sont réglementées. Pour exercer comme avocat, commissaire-priseur judiciaire, huissier de justice ou notaire, il faut détenir le « certificat d'aptitude ». Accessible sur examen, celui-ci se prépare, en 12 à 30 mois selon le métier, au sein de centres de formation privés : écoles des avocats (EDA, 11 en France), École nationale de procédure (ENP, 25 centres) pour les clercs et huissiers de justice, centres de formation professionnelle notariale (CFPN, 11 centres).

FORMATION TRÈS SÉLECTIVE

Les cursus professionnels sélectionnent généralement leurs étudiants sur épreuves et entretien. La concurrence entre les candidats est d'autant plus forte à l'entrée que les places sont limitées. Pour les commissaires-priseurs, huissiers de justice et notaires, le nombre d'emplois est ainsi fixé par l'État. Et il est question de réduire le nombre d'avocats formés, faute de débouchés suffisants.

DIFFÉRENTS NIVEAUX D'ACCÈS

Le niveau d'accès à la formation diffère selon le métier. Celle de clerc aux procédures est ouverte avec le bac, celle de commissaire-priseur avec une licence droit (en 3 ans après le bac) et une licence histoire de l'art. Les autres cursus requièrent un master (M1 ou M2), les avocats, huissiers et notaires devant attester de connaissances juridiques avant d'apprendre le métier.

OBJECTIF MÉTIER

Les formations professionnelles alternent périodes de cours à l'école et périodes en emploi. Cabinet d'avocats pour les uns, office notarial pour les autres, ou encore étude (d'huissier, de commissaire-priseur)... les étudiants y effectuent plusieurs stages longs. Objectif : se confronter aux situations professionnelles et découvrir, le cas échéant, diverses spécialités au choix.

Après le bac
→ en 1 an

Après bac + 4
→ en 18 ou 24 mois

Après bac + 5
→ en 31 mois

À savoir

La capacité en droit. Diplôme équivalent au bac, elle permet aux non-bacheliers de suivre des études juridiques supérieures. Formation en 2 ans à l'université en cours du soir et/ou le samedi matin, voire en ligne.

Repère

Plusieurs **itinéraires** possibles avant de passer les concours : licence, master (droit, psychologie...), DUT (carrières juridiques ou sociales), école sociale, institut d'études politiques (IEP).

Quel profil pour les professions du droit ?

Pour devenir avocat, un master 1 en droit est nécessaire. Toutes les spécialités sont possibles, mais le droit des obligations et la procédure pénale doivent être connus pour exercer comme pénaliste. Pour accéder à la formation d'huissier de justice, il est conseillé de préparer un master en droit privé, avec une spécialisation en procédure civile et voie d'exécution. Pour la formation universitaire de notaire, il faut valider un master 1 en droit notarial (avec mention). La voie professionnelle est, elle, ouverte aux titulaires d'un master 2 en droit (toutes spécialités, de préférence droit public, droit des affaires, droit de la famille, droit de l'immobilier, fiscalité...). La formation de clerc expert à l'École nationale de procédure est accessible avec un master en droit, tandis que celle de clerc aux procédures requiert seulement le bac.

École des avocats, comment y entrer ?

L'examen d'accès à la formation d'avocat est difficile. Pour augmenter leurs chances, les étudiants en droit suivent souvent une préparation spécifique. D'autant plus qu'ils n'ont droit qu'à trois tentatives ! La plupart optent pour les instituts d'études judiciaires (IEJ), rattachés aux universités, peu onéreux (quelques centaines d'euros pour 1 an). D'autres s'inscrivent dans des prépas privées plus coûteuses (de 1000 à 2500 €). Quelle que soit la formule, mieux vaut consacrer son année à la préparation de l'examen. Entreprendre un M2 en parallèle est risqué.

Études juridiques, combien ça coûte ?

La scolarité en centre de formation professionnelle est payante (1600 € par an, par exemple, en école des avocats). Toutefois, comme les cursus comprennent des stages obligatoires, les étudiants sont payés pendant leur(s) année(s) de formation. Les huissiers stagiaires touchent environ 1700 € brut par mois, les notaires stagiaires, 1920 €. Pour les avocats, cela varie de 60 à 85 % du Smic selon la taille du cabinet. Les montants sont fixés par les conventions collectives. La formation de clerc aux procédures se déroule en contrat de professionnalisation.

Retrouvez la liste des établissements de formation p. 134.

Avocat

POUR QUI ?

La formation est ouverte aux étudiants ayant validé un M1 en droit et réussi l'examen d'entrée organisé par les instituts d'études judiciaires (IEJ). Dans les faits, les admis ont souvent un M2.

QUELLE SÉLECTION ?

Sur épreuves écrites : note de synthèse ; compositions sur le droit des obligations et sur la procédure (au choix : pénale, civile ou administrative) ; épreuve pratique sur une spécialité du droit, au choix ; épreuves orales : droit, comptabilité-finance, langue... Forte sélection. En 2013, 40 des 134 étudiants qui se sont présentés à l'examen d'entrée à l'IEJ de Paris 13 ont réussi.

OÙ ?

Dans 11 centres régionaux de formation professionnelle des avocats (CRFPA), appelés aussi écoles des avocats (EDA).

AU PROGRAMME

Sur les 18 mois de formation, 6 sont consacrés aux cours (théoriques et pratiques) sur la déontologie de l'avocat, les procédures (civile, pénale...), l'expression écrite et orale, la gestion d'un cabinet... ; 6 à un projet pédagogique individuel, point de départ du projet professionnel du futur avocat, sous la forme d'une poursuite d'études en master ou d'un stage en structure différente d'un cabinet d'avocats (entreprise, administration...). Durant les 6 derniers, les étudiants effectuent un stage dans un cabinet d'avocats, et rédigent un mémoire soutenu devant un jury.

ET APRÈS ?

À l'issue de la formation, les étudiants passent l'examen d'aptitude pour obtenir le certificat d'aptitude à la profession d'avocat (CAPA). Il leur faut ensuite prêter serment et demander leur inscription au tableau de l'Ordre.

Clerc aux procédures

POUR QUI ?

Les titulaires d'un bac général ou d'un bac professionnel. La formation se déroule en alternance, sous la forme d'un contrat de professionnalisation (avec rémunération en fonction de l'âge et du niveau d'études). Il est donc nécessaire de trouver une étude d'huissier pour s'inscrire.

OÙ ?

À l'École nationale de procédure (ENP). Une quinzaine de centres dispensent la formation en France.

AU PROGRAMME

Apprendre à seconder un huissier de justice est l'objectif de cette formation qui dure 1 an. Le cursus alterne stage au sein d'une étude d'huissier (rémunéré) et cours à l'ENP (1 jour par semaine). Le droit et la procédure sont au cœur des enseignements. Parmi les modules suivis : identifier et communiquer avec les parties et les tiers ; contrôler et régulariser les actes ; engager et suivre l'agenda des procédures (saisie, injonction de payer, expulsion...) ; maîtriser l'ouverture et le suivi comptable des dossiers... Chaque module donne lieu à des évaluations.

ET APRÈS ?

Les diplômés obtiennent le certificat de qualification professionnelle (CQP) de clerc aux procédures, reconnu par la convention collective du personnel des études d'huissier de justice.

Clerc expert

POUR QUI?

Les titulaires d'un master 1 en droit, ou du certificat de qualification professionnelle de clerc aux procédures complété par 2 ans d'expérience en étude d'huissier. La formation étant en alternance, il faut avoir trouvé une étude d'huissier pour suivre le cursus.

OÙ?

À l'École nationale de procédure (ENP). Une vingtaine de centres en France proposent la formation (Bordeaux, Lille, Lyon, Paris...).

AU PROGRAMME

En 2 ans, la formation alterne des enseignements à l'ENP (1 journée par semaine) et un stage dans une étude d'huissier (rémunéré). 25 modules forment au métier: statut et activité de l'huissier; contrôler l'acte; signifier, rédiger une assignation; mener les procédures (saisie-vente, saisie des rémunérations, procédures d'exécution...); mettre en œuvre les oppositions et la fin du bail; piloter un dossier d'expulsion; conseiller les clients, etc. Chaque module donne lieu à des évaluations.

ET APRÈS?

Délivrance du certificat de qualification professionnelle (CQP) de clerc expert, reconnu par la convention collective du personnel des études d'huissier de justice.

Huissier de justice

POUR QUI?

Les titulaires d'un master 1 de droit (de préférence en droit privé avec une spécialisation en procédure civile et voie d'exécution).

OÙ?

La formation obligatoire est organisée par le département Formation des stagiaires (DFS) de la Chambre nationale des huissiers de justice, au sein de centres régionaux: Aix-en-Provence, Bordeaux, Lille, Lyon, Paris, Rennes, Strasbourg. Formation complémentaire à l'École nationale de procédure (ENP).

AU PROGRAMME

2 ans de stage (rémunéré) au sein d'une étude sont prévus (les futurs stagiaires doivent donc trouver leur stage avant de s'inscrire). Des enseignements sont dispensés en parallèle par le DFS. Chaque stagiaire est affecté à un centre régional en fonction de l'étude où il effectue son stage. Au programme: la copropriété, les contrats locatifs, l'activité pénale, l'éthique et la déontologie, l'initiation à la comptabilité, la direction de l'entreprise, les procédures collectives, la responsabilité professionnelle, l'installation... L'objectif du DFS est la préparation de l'examen professionnel d'huissier de justice. Les stagiaires sont également incités à suivre une formation complémentaire de clerc expert de l'ENP *(voir ci-contre)*. Un examen professionnel clôt la formation (dissertation sur un sujet juridique et rédaction d'actes à l'écrit, puis épreuves orales sur le droit, la réglementation professionnelle, la gestion d'une étude...).

ET APRÈS?

Les diplômés exercent le plus souvent comme clerc expert avant de prêter serment et de devenir huissier de justice.

Notaire (voie universitaire)

POUR QUI ?

Les titulaires d'un master 1 en droit notarial avec mention. La sélection en master 2 est forte (sur dossier, et parfois entretien).

OÙ ?

Dans une trentaine d'universités (pour le M2 en droit notarial), puis dans l'un des 11 centres de formation professionnelle notariale (CFPN) en France.

AU PROGRAMME

Première étape de la voie universitaire : obtenir un master 2 en droit notarial. Ensuite, les étudiants entrent dans la phase de formation professionnelle. Ils partent en stage dans une étude pendant 2 ans (rémunéré, 1920 € brut par mois), et suivent en alternance des cours théoriques dans un CFPN. Quatre modules, appelés « semestrialités », sont prévus (75 heures) : droit de la famille, droit des sociétés, droit immobilier et rural, et actes courants (ventes entre particuliers...). Ces modules donnent lieu à des évaluations. Le cursus prévoit également la rédaction d'un rapport de stage.

ET APRÈS ?

Obtention du diplôme supérieur du notariat (DSN). Les diplômés ont le statut de notaire assistant avant de demander leur nomination officielle par le garde des Sceaux.

Notaire (voie professionnelle)

POUR QUI ?

Les titulaires d'un master 2 en droit (toutes spécialités, de préférence droit public, droit des affaires, droit de la famille, fiscalité...). Sélection sur dossier et entretien. Attention, on ne peut passer l'examen que dans un seul centre chaque année. En 2014, 600 dossiers pour 320 admis.

OÙ ?

Dans l'un des 11 centres de formation professionnelle notariale (CFPN) en France.

AU PROGRAMME

Le cursus dure 31 mois. Les étudiants commencent par suivre 1 mois de formation dans un CFPN, pour acquérir les connaissances de base sur la profession de notaire (le statut d'officier public, le principe de l'authenticité, la rédaction des actes, la responsabilité notariale...). Ils partent ensuite en stage pendant 30 mois (rémunéré, 1920 € brut par mois), et continuent de suivre des enseignements en alternance dans le CFPN. Cinq modules sont au programme (droit de la famille, droit de l'entreprise, droit immobilier...). Ils donnent lieu à des évaluations. Le cursus prévoit également la rédaction d'un rapport de stage.

ET APRÈS ?

Obtention du diplôme de notaire. Les diplômés ont le statut de notaire assistant avant de demander leur nomination officielle par le garde des Sceaux.

PARCOURS D'ÉTUDES

À chacun son chemin

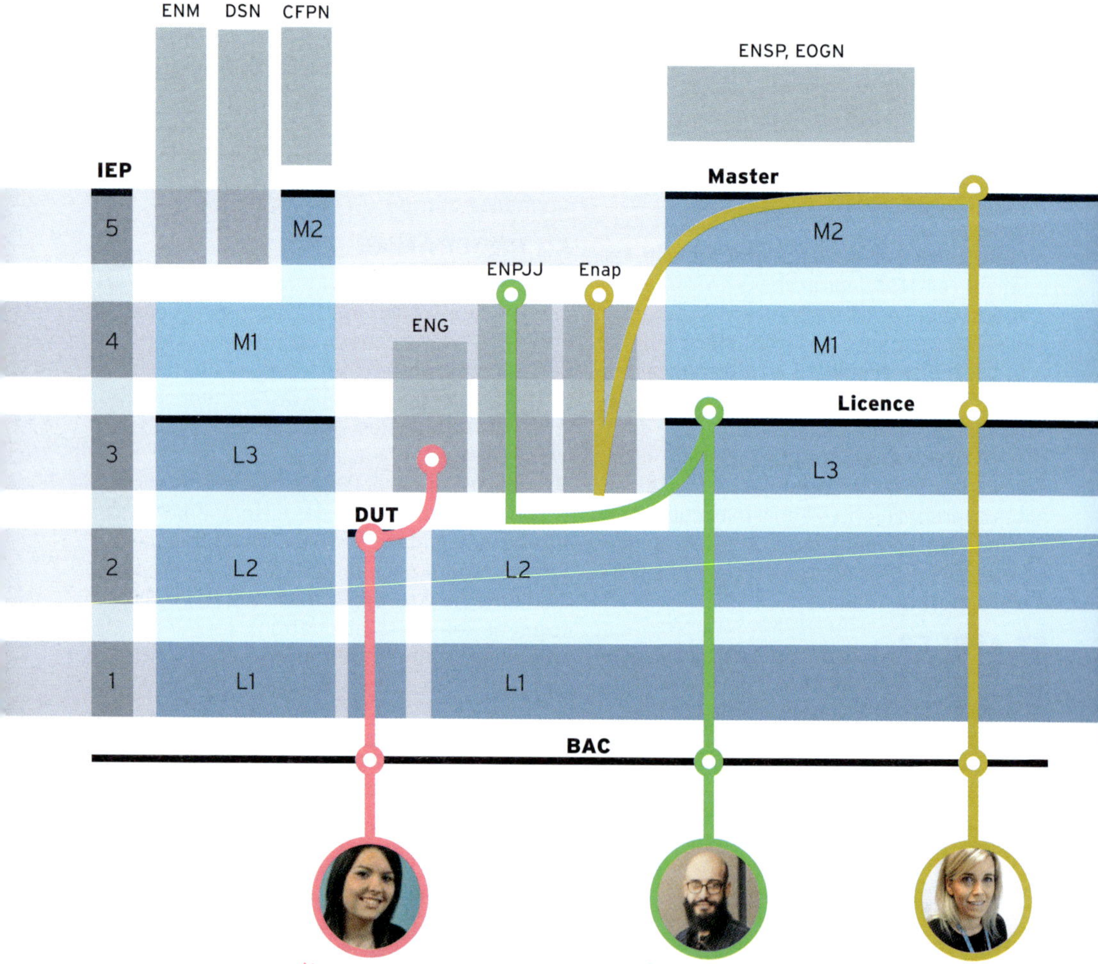

Alice
du bac ES à l'ENG
→ p. 102

Mohamed
du bac L à la PJJ
→ p. 103

Joëlle
du bac L à l'Enap
→ p. 104

Université Lycée École **Diplôme**

Lexique

BTS : brevet de technicien supérieur
CFPN : centre de formation professionnelle notariale
DSN : diplôme supérieur du notariat
DUT : diplôme universitaire de technologie
EDA : École des avocats
Enap : École nationale d'administration pénitentiaire
ENG : École nationale des greffes
ENM : École nationale de la magistrature
ENPJJ : École nationale de protection judiciaire de la jeunesse
ENSP : École nationale supérieure de la police
EOGN : École des officiers de la Gendarmerie nationale
IEP : institut d'études politiques
L1, L2, L3 : 1re, 2e et 3e années de licence
M1, M2 : 1re et 2de années de master
STG : (bac) sciences et technologies de la gestion (désormais bac STMG)

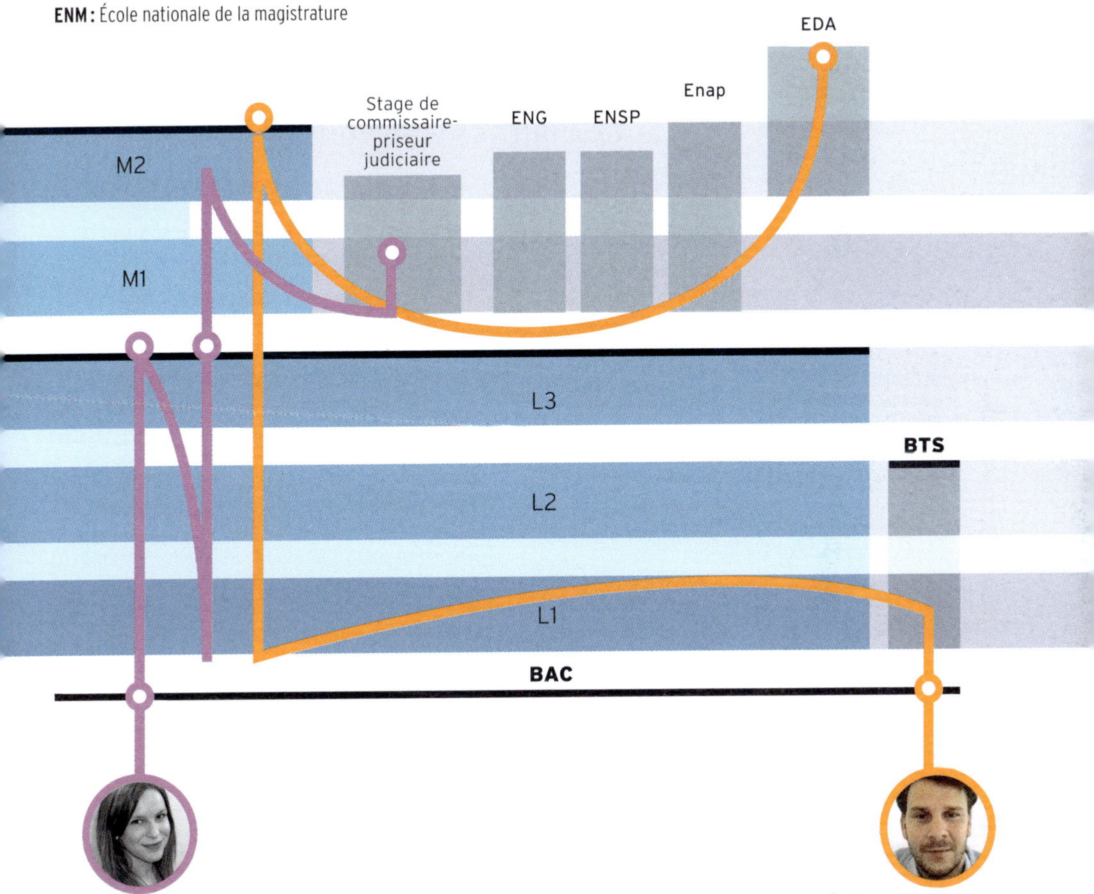

Solène
du bac au stage de commissaire-priseur
→ p. 105

Antoine
du bac STG à l'EDA
→ p. 106

VERS L'ENG

(École nationale des greffes)

« Ma préparation au Cned m'a permis de réussir le concours. »

Alice Marion, 22 ans

1 DUT CARRIÈRES JURIDIQUES

Après son bac ES, Alice intègre un DUT carrières juridiques. À l'occasion d'un stage auprès d'un avocat, elle découvre le métier de greffier. *« Cela m'a tout de suite plu ! J'ai apprécié la procédure, l'ambiance des audiences, et le contact avec les avocats, les magistrats et les justiciables. »*

2 PRÉPARATION DU CNED

Pour devenir greffier, il faut réussir un concours ouvert à bac + 2. *« Mais les admis ont, en général, un niveau plus élevé. »* Pour mettre toutes les chances de son côté, Alice s'inscrit au Centre national d'enseignement à distance (Cned). Pendant 9 mois, elle reçoit des documents préparant aux épreuves et envoie des devoirs faits à la maison. *« Certains préfèrent une prépa spécifique. Moi, j'aime travailler seule. »*

3 CONCOURS SUR ÉPREUVES

Alice passe le concours en mars. *« La préparation du Cned m'a donné une méthodologie utile pour la note de synthèse qui porte sur un dossier documentaire. Pour l'épreuve de droit, j'ai choisi le droit civil, car c'est celui le plus abordé en DUT. »* Une fois les écrits réussis, Alice passe l'oral, qui prévoit une question d'actualité et des mises en situation professionnelle.

4 FORMATION À L'ENG

Alice est admise sur liste complémentaire, et fait sa rentrée 1 an plus tard. Après 1 semaine de découverte à l'ENG, elle part 2 semaines en stage au tribunal d'instance de Romans-sur-Isère, puis suit 2 mois de cours (procédures, statuts, déontologie, accueil du public, logiciels métiers...). Elle vient de commencer son stage pratique à Grenoble et passera par toutes les juridictions (tribunal d'instance, de grande instance, cour d'appel...).

Une fois son stage effectué, Alice devra choisir un poste selon son rang de classement à l'école. Ensuite, elle effectuera de nouveaux stages avant de prendre son poste en tant que titulaire.

VERS L'ENPJJ

(École nationale de protection judiciaire de la jeunesse)

« J'ai réorienté mon projet à la suite d'un job. »

Mohamed Ferdjoukh, 31 ans

1 LICENCE SCIENCES DE L'ÉDUCATION

Dès le lycée, Mohamed envisage de travailler auprès des jeunes. *« Je voulais devenir enseignant en maternelle ou en élémentaire. »* Après son bac L, il s'inscrit à l'université et prépare une licence sciences de l'éducation.

2 CAP VERS LE SOCIAL

Pour financer ses études, Mohamed trouve des jobs dans des écoles et fait du soutien scolaire. C'est le déclic ! *« J'ai réalisé que j'aimais travailler avec les élèves en difficulté. J'ai cherché sur Internet un métier comprenant cette dimension sociale du travail avec les jeunes. »* Ce sera éducateur de la PJJ.

3 PRÉPA À L'ENPJJ

La solution idéale pour accéder à ce métier ? La classe prépa intégrée de l'ENPJJ, qui accueille 25 étudiants pour 5 à 6 mois de préparation au concours. *« J'ai pu mettre toutes les chances de mon côté en me consacrant pleinement à cet objectif. »* Le concours réussi, la formation d'éducateur peut commencer.

4 2 ANS DE FORMATION

« En 1re année, on acquiert les bases théoriques, notamment sur le contexte juridique. » C'est aussi l'heure du premier stage de mise en situation. *« Je suis arrivé dans un foyer pour mineurs à Douai. L'équipe m'a fait confiance, et cette expérience m'a conforté dans mon choix. »*

5 PROJET ÉDUCATIF

À l'ENPJJ, la 2de année est consacrée au stage de préaffectation, tremplin vers la titularisation. *« J'ai découvert l'univers carcéral au sein d'un établissement pénitentiaire pour mineurs. Il fallait élaborer un projet éducatif en proposant des améliorations pour la structure. »*

Une fois titularisé, Mohamed est resté 2 ans à ce poste. Depuis, il a choisi de transmettre son expérience en devenant à son tour formateur à l'ENPJJ.

VERS UNE FORMATION DE CPIP

(conseiller pénitentiaire d'insertion et de probation)

« Mon stage m'a permis de découvrir le milieu carcéral. »

Joëlle Lemoine, 35 ans

1 LICENCE DE DROIT

Après un bac L, Joëlle choisit le droit, à l'université de Dijon. Intéressée depuis toujours par la question carcérale, elle passe sa licence puis un DEA (correspondant actuellement à un M2). *« Je voulais devenir directrice de prison. »* Un stage de 1 mois au département réinsertion des services pénitentiaires lui permet de visiter des établissements, et renforce sa motivation.

2 SCIENCES PÉNITENTIAIRES

Dans le même temps, elle apprend que l'équivalent d'un M2 en sciences pénitentiaires ouvre dans une université parisienne. C'est ce qu'il lui faut ! Elle mène les deux diplômes de front. À Paris, beaucoup de ses camarades sont des professionnels : directeurs de prison, éducateurs et... conseillers pénitentiaires d'insertion et de probation (CPIP). *« Je connaissais mal ce métier. Il m'est apparu comme un excellent moyen de découvrir le milieu carcéral et les publics accueillis. De plus, l'activité est en lien avec mes études de droit, puisque le CPIP collabore avec les juges. »*

3 CONCOURS DE CPIP

Avant de se lancer, Joëlle s'octroie une année sabbatique au Mexique, un peu à l'aventure, *« pour se forger une expérience du monde »*. À son retour, elle se plonge dans ses cours et réussit le concours de CPIP. Elle entame alors la formation de 2 ans dispensée par l'Enap. Elle apprend les bases théoriques de son métier en 1re année, puis effectue son stage à la maison d'arrêt de Nanterre en 2de année.

Joëlle est confirmée à son poste à la maison d'arrêt de Nanterre. Puis, au bout de 4 ans, elle choisit d'exercer en milieu ouvert *« pour découvrir un autre aspect du métier, et prendre du recul par rapport au milieu carcéral »*.

VERS L'EXAMEN D'APTITUDE DE COMMISSAIRE-PRISEUR JUDICIAIRE

« Mon expérience en salle des ventes a été un atout à l'examen d'entrée. »

Solène Laine, 29 ans

1 LICENCE DE DROIT

Très tôt, Solène a su qu'elle désirait travailler dans le monde de l'art. *« Mes parents m'emmenaient en salle des ventes, dans les musées... Le métier de commissaire-priseur m'a tout de suite attirée. »* Pour s'y former, une licence en droit et une autre en histoire de l'art sont nécessaires. Solène obtient sa licence de droit en 3 ans, puis part à Paris pour étudier l'histoire de l'art, *« et être proche des musées »*.

2 HISTOIRE DE L'ART

Sa licence en poche, Solène est acceptée à l'université Paris 1 dans un cursus accéléré en 2 ans. Après avoir validé sa licence d'histoire de l'art, elle décide de poursuivre ses études en master, et passe 1 an à Édimbourg *via* le programme d'échanges d'étudiants Erasmus pour améliorer son anglais, *« indispensable dans le métier »*.

3 OBJECTIF : EXAMEN

Pour se préparer à l'examen d'accès à la formation de commissaire-priseur, Solène s'inscrit dans une prépa réputée à Paris 2. Elle travaille ensuite comme stagiaire, puis clerc d'étude dans une salle des ventes, s'entraînant à côté. Solène réussit l'examen à la troisième tentative. *« Mon expérience en salle des ventes a été déterminante. »*

4 2 ANNÉES DE STAGE

Pour devenir commissaire-priseur judiciaire, Solène doit effectuer un stage de 6 mois dans une étude de ventes judiciaires pendant son cursus. *« Le commissaire-priseur qui m'a accueillie était passionné et pédagogue. Ça a été une très bonne expérience ! »* Actuellement en stage chez Christie's pour des ventes volontaires, elle prépare l'examen d'aptitude de commissaire-priseur volontaire. *« Si je suis admissible, je pourrai tenter le volet judiciaire. »*

L'ambition de Solène : devenir associée dans une étude qui fasse à la fois des ventes volontaires et judiciaires.

VERS LE CAPA

(certificat d'aptitude à la profession d'avocat)

« J'ai profité des stages pour construire mon projet professionnel et de formation. »

Antoine Ceccaldi, 29 ans

1 PREMIER PROJET

Son bac STG (devenu STMG) en poche, Antoine s'est orienté vers la classe de mise à niveau au BTS hôtellerie-restauration: *« Cette formation comportait de nombreux stages en entreprise, ce qui m'a permis de gagner en maturité, de découvrir le monde du travail... mais je me suis aperçu que les métiers de l'hôtellerie ne me plaisaient pas ! »*

2 VIRAGE EN DROIT

Passionné par l'univers du sport, et fortement intéressé par le métier d'agent sportif, le jeune homme s'inscrit en licence de droit à l'université d'Aix-Marseille: *« Parce que la profession d'agent exige d'avoir de solides connaissances juridiques. »*

3 STAGES DÉCISIFS

Antoine entreprend des stages: en cabinet d'avocats, au sein d'un club de football professionnel... Et apprend que les avocats peuvent se spécialiser en droit du sport et défendre ainsi les intérêts des clubs et des joueurs. *« Je n'ai pas hésité: direction le master droit du sport. »*

4 ÉCOLE DES AVOCATS

À l'issue de son master, Antoine intègre l'école des avocats de Marseille qui recrute sur examen. Le cursus prévoit un stage professionnel de 6 mois au sein d'un cabinet. Sa mère étant avocate, l'étudiant effectue son stage à ses côtés: *« Ma mère va bientôt partir à la retraite, et je compte reprendre les rênes du cabinet. »*

Ses différents stages ont permis à Antoine d'affûter son projet professionnel. Et de se constituer un premier réseau de connaissances... *« Quand je commencerai ma carrière, je compte, grâce à ce réseau, développer une clientèle dans le milieu du sport professionnel. »*

Panorama des formations professionnelles

Métiers	Niveau d'accès	Durée d'études	Parcours initial	Type d'établissement
Avocat	Bac + 4	18 mois	Licence + master droit	École des avocats
Clerc aux procédures	Bac	1 an	Bac ou capacité en droit	École nationale de procédure (ENP)
Clerc expert	Bac + 4	2 ans	Licence + master droit	École nationale de procédure (ENP)
Collaborateur de notaire	Bac + 2	1 à 2 ans	BTS notariat	Institut des métiers du notariat
Commissaire-priseur	Bac + 3	2 ans	Licence droit + licence histoire de l'art	Centre de formation professionnelle
Commissaire de police	Bac + 5	2 ans	Licence + master droit	École nationale supérieure de la police (ENSP)
Conseiller pénitentiaire d'insertion et de probation	Bac + 2	2 ans	DUT carrières juridiques ; licence droit ou sciences humaines	École nationale d'administration pénitentiaire (Enap)
Directeur des services pénitentiaires	Bac + 3	2 ans	Licence droit ou sciences humaines	École nationale d'administration pénitentiaire (Enap)
Éducateur de la PJJ	Bac + 2	2 ans	DUT carrières sociales ; licence sciences humaines	École nationale de protection judiciaire de la jeunesse (ENPJJ)
Expert judiciaire	Bac + 5 à bac + 8	variable	Selon spécialité	Expérience requise pour être assermenté
Gendarme enquêteur	Bac + 5	2 ans	Licence + master droit	École des officiers de la Gendarmerie nationale (EOGN)
Greffier des services judiciaires	Bac + 2	18 mois	Licence droit	École nationale des greffes (ENG)
Greffier en chef des services judiciaires	Bac + 3	18 mois	Licence droit	École nationale des greffes (ENG)
Huissier de justice	Bac + 4	2 ans	Licence + master droit	Centre de formation professionnelle
Interprète judiciaire	Bac + 5	Variable	Licence + master langues étrangères	Expérience requise pour être assermenté
Lieutenant de police	Bac + 3	18 mois	Licence + master droit	École nationale supérieure de la police (ENSP)
Lieutenant pénitentiaire	Bac + 2	1 an	DUT carrières juridiques ; licence droit	École nationale d'administration pénitentiaire (Enap)
Magistrat	Bac + 4	31 mois	Licence + master droit	École nationale de la magistrature (ENM)
Notaire	Bac + 4 ou bac + 5	2 à 3 ans	Licence + master droit	Université et/ou centre de formation professionnelle
Psychologue de la PJJ	Bac + 5	1 an	Licence + master psychologie	École nationale de protection judiciaire de la jeunesse (ENPJJ)

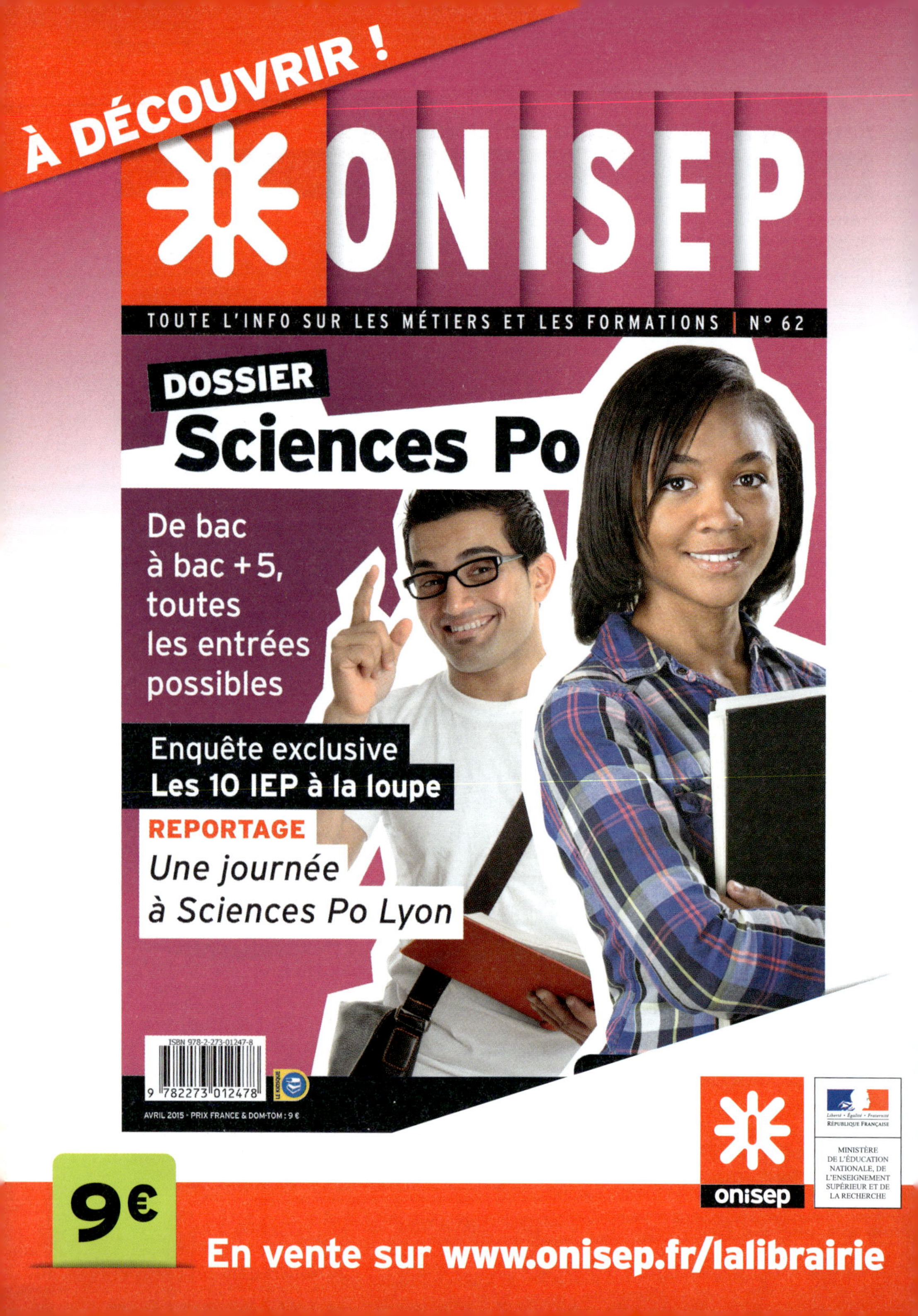
À DÉCOUVRIR !
ONISEP
TOUTE L'INFO SUR LES MÉTIERS ET LES FORMATIONS | N° 62
DOSSIER
Sciences Po
De bac à bac + 5, toutes les entrées possibles
Enquête exclusive
Les 10 IEP à la loupe
REPORTAGE
Une journée à Sciences Po Lyon
ISBN 978-2-273-01247-8
9 782273 012478
AVRIL 2015 - PRIX FRANCE & DOM-TOM : 9 €
onisep
Liberté • Égalité • Fraternité
RÉPUBLIQUE FRANÇAISE
MINISTÈRE DE L'ÉDUCATION NATIONALE, DE L'ENSEIGNEMENT SUPÉRIEUR ET DE LA RECHERCHE
9€
En vente sur www.onisep.fr/lalibrairie

EMPLOI

© MIVPIV / ISTOCK.COM

LES EMPLOYEURS DU SECTEUR

Tribunal, prison, commissariat… les professionnels qui rendent la justice ou qui la font appliquer sont tous fonctionnaires d'État. Au sein d'une étude ou d'un cabinet, les auxiliaires de justice exercent principalement en libéral.

TRIBUNAUX

Les fonctionnaires du ministère de la Justice travaillent au sein de différentes juridictions : tribunaux d'instance, tribunaux de grande instance, tribunaux administratifs, cours d'appel, Cour de cassation… Les services judiciaires emploient près de 30 000 personnes. Parmi elles, 8 000 magistrats, affectés au siège (les juges) ou au parquet (les procureurs et leurs substituts), et 9 400 greffiers.

CABINETS ET ÉTUDES

Les auxiliaires de justice travaillent au sein de cabinets, d'études ou d'offices, en majorité comme travailleurs indépendants. Les plus nombreux sont les avocats : 60 000 relevant de 161 barreaux (celui de Paris regroupe 41 % d'entre eux).
Les notaires, plus de 9 500, exercent au sein de 4 500 offices, aux côtés de 47 000 salariés (collaborateurs de notaire notamment). Environ 3 200 huissiers et 11 700 clercs travaillent au sein de 1 700 offices.
Les commissaires-priseurs chargés des ventes judiciaires ne sont, eux, que 420.

SERVICES PÉNITENTIAIRES

L'administration pénitentiaire participe à l'exécution des décisions de justice (travaux d'intérêt général, peines d'emprisonnement…) tout en favorisant la réinsertion sociale des personnes qui lui sont confiées par la justice. On dénombre environ 190 établissements pénitentiaires et 100 services pénitentiaires d'insertion et de probation (Spip) répartis sur tout le territoire. À leur tête, plus de 500 directeurs encadrent 26 500 surveillants (lieutenants pénitentiaires fonctionnaires).

POLICE NATIONALE

En 25 ans, la Police nationale a augmenté ses effectifs de 50 % et emploie 145 000 fonctionnaires. En son sein, la Direction centrale de la police judiciaire (DCPJ) emploie près de 5 000 fonctionnaires. Avec environ 750 agents, l'Institut national de police scientifique (INPS) regroupe six laboratoires issus de la Police nationale ainsi qu'un service central.

GENDARMERIE NATIONALE

Force armée chargée de la sécurité des zones rurales et périurbaines, la Gendarmerie nationale compte plus de 98 000 fonctionnaires. Parmi ses nombreuses missions, la police judiciaire occupe une place de choix. Elle représente 40 % de l'activité quotidienne. L'Institut de recherche criminelle de la Gendarmerie nationale (IRCGN), composé de techniciens et d'experts, apporte de son côté une expertise aux investigations criminelles.

PJJ

Au sein du ministère de la Justice, la protection judiciaire de la jeunesse (PJJ) assure une mission d'éducation et de prévention auprès des mineurs délinquants ou en danger, et des jeunes majeurs éprouvant des difficultés d'insertion sociale. Elle réunit environ 220 établissements et services relevant du secteur public, et près de 1100 relevant du secteur associatif habilité. Les chefs de service éducatif et les éducateurs de la PJJ, plus de 5 000 fonctionnaires, composent la moitié de l'effectif. Les psychologues de la PJJ, au nombre de 427, à peine 5 %.

LES COMPÉTENCES ATTENDUES

Exercer un métier de la justice nécessite de s'impliquer tout en gardant ses distances, d'assumer ses responsabilités et de faire preuve d'un bon équilibre personnel. Neutralité, réserve et confidentialité sont de rigueur.

Garder la distance

La raison plus que les sentiments

Confrontés à des situations parfois dramatiques, à la détresse et à la violence, les professionnels de la justice doivent savoir prendre du recul pour mieux vivre leur métier au quotidien, d'autant plus que les affaires s'enchaînent. C'est le cas des officiers de police, des huissiers, des lieutenants pénitentiaires... Impossible pour eux d'être dans l'empathie ou dans l'émotion lorsqu'il s'agit de faire respecter la loi. De son côté, un magistrat doit garder la distance avec les justiciables pour pouvoir juger en toute impartialité. Lorsqu'on travaille avec des publics en difficulté, savoir se préserver est une condition nécessaire pour rester efficace et professionnel. *« Étant jeune et femme en milieu pénitentiaire, j'ai choisi d'instaurer le vouvoiement pour mettre une distance »*, résume Amélie Chaillier, psychologue de la PJJ.

Diriger une entreprise

Les chiffres et les hommes

Les notaires, les huissiers et les avocats exercent en majorité en libéral. À la tête d'une étude ou d'un cabinet, ils doivent savoir organiser l'activité, s'occuper de la comptabilité, etc. *« Je suis chargée d'une société, avec des salariés, des dossiers en cours, une clientèle à pérenniser et à développer... Mon entreprise est ma priorité, j'y pense jour et nuit ! »* explique Caroline Pithois-Gur, notaire. Une implication d'autant plus nécessaire que les revenus à la fin du mois dépendent du chiffre d'affaires réalisé ! Sans exercer en libéral, les commissaires de police assurent eux aussi des fonctions de dirigeant. *« Le management prend de plus en plus d'importance dans nos professions*, explique Mahdi Belbey, commissaire à Paris. *Il faut savoir gérer les ressources humaines... »*

Les professionnels de la justice sont tenus au secret professionnel.

© LAURENCE PRAT / ONISEP

Avoir un bon mental
Un équilibre à préserver

Qu'ils exercent en prison, dans un tribunal ou un commissariat, les professionnels de la justice travaillent sur des affaires difficiles, et souvent avec des publics en détresse. Ceux qui choisissent cette voie s'engagent à une grande disponibilité morale et à une réactivité dans la prise de décision. Avec, à la clé, une capacité à « faire face » à des situations tendues... Pour y parvenir, avoir un mental solide est indispensable. *« Mon métier exige d'être équilibré. On peut travailler en horaires décalés, rester sur une affaire le soir, et y penser la nuit... »*, explique Laurent Dussutour, lieutenant de police à Paris.

Se montrer exemplaire
Le sens des responsabilités

Pour exercer certaines professions de la justice, il faut prêter serment. Un acte solennel, qui implique une grande responsabilité. *« Les notaires représentent l'État. Ils sont officiers publics, ils ont un pouvoir délégué par l'État »*, précise Jean-Albert Seite, de la Chambre des notaires de Paris. *« Au quotidien, il faut être exemplaire,* ajoute Caroline Pithois-Gur, notaire. *Étant responsable des actes que j'établis, je dois faire preuve d'une grande rigueur. »* Même constat pour Christelle Henriot, greffière : *« Une erreur de ma part, et une procédure peut être annulée ! »* Il est important de résister à la pression, de pouvoir trancher quand il le faut. *« Je dois savoir prendre des décisions rapidement, qu'elles concernent une personne ou cent. Et toujours garder la tête froide »*, conclut Karine Vernière, cheffe d'établissement pénitentiaire.

Savoir s'adapter
Pédagogie et écoute

Pour la plupart des personnes, le langage juridique est complexe, voire incompréhensible... Aussi, tous les professionnels doivent s'efforcer de le rendre accessible aux personnes qui ont affaire à la justice, comme Arnaud Borq, greffier : *« Je suis le traducteur des jugements : il faut expliquer aux justiciables le droit et les procédures. »* Comme aucune affaire ne ressemble à une autre, un juge doit garder un œil neuf pour arbitrer : tenir compte de la personne mise en cause (son histoire, son milieu...), et pas seulement des faits qui lui sont reprochés. *In fine*, il devra lui faire comprendre ses décisions. Si d'indéniables qualités d'écoute sont nécessaires, il ne faut pas verser dans le sentiment : *« Il faut avoir les nerfs solides, car l'avocat est le confident des difficultés de ses clients »*, résume Amandine Bouvet, avocate au barreau de Marseille.

LES TENDANCES DU RECRUTEMENT

Pour régler un litige, authentifier un acte officiel ou protéger une victime, la société a besoin de professionnels. La situation de l'emploi est toutefois contrastée dans le secteur de la justice.

Magistrats recherchés

Depuis plusieurs années, le nombre de magistrats recrutés est en hausse, pour compenser les 300 départs à la retraite prévus à l'horizon 2018. 2015 est pour cela une année exceptionnelle : *« Toutes voies d'accès confondues, nous devrions arriver à une promotion de 373 élèves »*, explique Jean-Bastien Risson, chef de cabinet du directeur de l'ENM. La raison de ce boom ? Des places supplémentaires ont été ouvertes au concours suite au plan antiterroriste lancé par le gouvernement. Le nombre de postes offerts reste cependant modeste vu le nombre d'étudiants en droit.

Auxiliaires de justice, en balance

Les perspectives d'emploi sont plus larges pour les avocats. Cependant, le droit pénal offre moins de débouchés que le droit de la famille, le droit social ou encore le droit des affaires. Et les débuts comme collaborateur dans un cabinet sont difficiles. Il faut se faire connaître, constituer sa clientèle, etc. Or, en libéral, les professionnels sont rémunérés sous la forme d'honoraires ; leurs revenus sont donc très fluctuants. Certains jeunes avocats préfèrent se tourner vers des entreprises.

Premiers pas hasardeux également pour les notaires, huissiers et commissaires-priseurs judiciaires, dont la profession est réglementée : l'État fixe chaque année le nombre d'études pouvant s'ouvrir, tout comme leur implantation géographique. La plupart des jeunes diplômés débutent alors comme salariés avant de prendre des parts dans une étude ou d'acheter une charge, obligatoire.

Police et gendarmerie étoffent leurs rangs

Dans la fonction publique, l'heure est aux restrictions budgétaires. Pourtant, avec 405 postes nouveaux en 2015, en plus du remplacement des départs à la retraite, la police et la gendarmerie passent entre les mailles du filet.
Les créations d'emploi concernent surtout les fonctions de gardien de la paix et d'adjoint de sécurité (ADS) côté police, et de sous-officier et de gendarme adjoint volontaire (GAV) côté gendarmerie. Le recrutement des fonctionnaires d'encadrement, comme les officiers de police judiciaire (OPJ), demeure stable : 26 postes offerts au concours de commissaire de police en 2015 contre 24 en 2014. Même constat au concours d'officier de gendarmerie, avec 33 postes en 2015.

Zoom sur une profession

Source : Observatoire du Conseil national des barreaux, 2015.

L'administration pénitentiaire recrute

En augmentant le nombre de suivis de condamnés, la réforme pénale a eu un impact non négligeable sur les services pénitentiaires d'insertion et de probation (Spip). Avec l'entrée en vigueur en septembre 2014 et jusqu'en 2017 de la « contrainte pénale », 1000 conseillers d'insertion et de probation devraient être recrutés, voyant ainsi leurs effectifs augmenter de 25 %. Le plan gouvernemental de lutte contre le terrorisme a de son côté été bénéfique aux équipes de surveillance dans les établissements pénitentiaires qui verront la création de 260 postes supplémentaires de lieutenants d'ici 2018. Dès 2015, 160 postes supplémentaires ont été créés, portant à 1500 le nombre de gardiens de prison. De son côté, avec une dizaine de postes proposés au concours chaque année, le recrutement des directeurs de services demeure stable.

PJJ, des besoins constants

Chaque année, 170 500 mineurs sont pris en charge par les services de la protection judiciaire de la jeunesse (PJJ). Pour assurer l'encadrement et le suivi de ces jeunes en danger ou ayant commis des actes de délinquance, le ministère de la Justice a besoin de professionnels qualifiés : éducateurs et psychologues. Pourtant, les recrutements sont limités : en 2015, 90 places offertes au concours externe d'éducateur, par exemple. Or ce ne sont pas les candidats qui manquent : 1100 se sont présentés en 2015.

MES DÉBUTS DANS UN CABINET D'AVOCATS

Amandine Bouvet,
collaboratrice au sein d'un cabinet marseillais

CV

- Master droit
- Institut d'études judiciaires (IEJ)
- École des avocats

Son conseil !

« Le quotidien d'un avocat au sein d'un cabinet d'affaires n'a rien à voir avec celui d'un pénaliste. Faire des stages permet de saisir les différentes manières d'exercer ce métier. »

Amandine a fait le choix du libéral. Elle exerce son métier au sein d'un cabinet d'avocats généralistes qui traitent tout type de dossier : droit social, droit pénal… Étudiante déjà, la jeune femme ne voulait pas se spécialiser dans une branche précise : *« Ce que j'apprécie, c'est la diversité des matières du droit et des situations. »*

Les ficelles du métier

Comme la plupart des jeunes avocats, Amandine a commencé sa carrière en tant que collaboratrice au sein d'un cabinet. *« Lors des études, on acquiert beaucoup de connaissances théoriques, mais on manque d'expérience… et de pratique. La collaboration permet d'apprendre le métier, car on travaille main dans la main avec des avocats chevronnés. C'est très formateur. »*

S'investir à fond

Amandine a pu ainsi multiplier les expériences : conseiller des entreprises en difficulté, gérer un divorce, défendre au tribunal correctionnel un client ayant commis un délit… *« Ce n'est pas un métier facile : il faut beaucoup travailler pour gagner sa vie. Et avoir les nerfs solides, car l'avocat est le confident des difficultés économiques et/ou judiciaires de ses clients. »*

Donner du temps… au temps

Voler de ses propres ailes ? La jeune avocate n'y songe pas. Travailler sur les dossiers du cabinet puis développer sa propre clientèle exige du temps. Il faut aussi se faire connaître auprès des confrères du barreau, des magistrats, des greffiers… et se faire apprécier. *« Je suis collaboratrice au sein de ce cabinet depuis 2 ans. Je pense qu'il me faudra encore 2 ou 3 années d'expérience avant de décider, peut-être, de m'installer à mon compte. »*

MES DÉBUTS DANS LA MAGISTRATURE

Stéphanie Arnaud-Mongay,
juge des enfants au TGI de Paris

CV

Maîtrise de droit (désormais 1re année de master)
École nationale de la magistrature (ENM)

Sa formation terminée et son diplôme obtenu, Stéphanie a dû, comme tous les magistrats, choisir sa première affectation sur une liste de postes vacants. *« Le major de la promotion est le premier à choisir. Plus on descend dans le classement, plus le choix se restreint. »* Une restriction qui s'applique également au lieu d'exercice et peut pousser à aller travailler dans différentes villes en France, voire en outre-mer.

Commencer comme substitute

La jeune magistrate choisit un poste de substitut du procureur chargée des mineurs. Et ne dispose que de 4 mois pour se préparer à ses nouvelles fonctions. *« C'était à moi de saisir le juge des enfants. Au parquet, j'orientais les poursuites et je prenais les réquisitions. Cela m'a permis de voir des problématiques différentes et de suivre l'évolution des situations, ce qui n'est pas toujours le cas. »*

La mobilité : une obligation

Après 3 années comme substitute, Stéphanie entre à la Chancellerie. *« En tant que magistrat, la mobilité est indispensable pour évoluer. Nous devons rester 2 ans au minimum à un poste, mais nous ne pouvons pas y rester plus de 10 ans. C'est l'une des richesses de ce métier, qui offre une large palette d'activités. On peut, par exemple, passer de juge des enfants à juge d'instruction. Et, chaque fois, les missions diffèrent. »*

Se sentir utile

Depuis 2 ans, Stéphanie est juge des enfants. *« Un métier qui m'avait plu lorsque j'avais fait mon stage de découverte. On n'est pas cantonné à un rôle purement juridique : on est en contact avec les personnes et on a le sentiment d'être utile. »* Malgré tout, si elle souhaite évoluer, Stéphanie va devoir, une fois de plus, changer.

Son conseil !

« Pendant mes études de droit, j'ai été assistante de justice. J'avais pour mission d'aider les magistrats dans leurs travaux préparatoires. C'est un bon moyen de connaître les différentes fonctions de la magistrature. »

MES DÉBUTS DANS LA POLICE JUDICIAIRE

Gaëtan André,
capitaine de police à Paris

CV

- Master 1 de droit à l'université
- École nationale supérieure de la police (ENSP)

Après son diplôme de l'ENSP, Gaëtan s'est retrouvé dans un amphi, aux côtés de ses 250 camarades, pour choisir sa première affectation, conditionnée à son rang de classement. *« Je souhaitais débuter dans la police judiciaire. Étant situé en milieu de tableau, rien n'était garanti. »* La réponse tombe : le jeune policier obtient un poste dans un commissariat de Clamart, en banlieue parisienne.

Fierté et découverte

Au moment de sa prise de fonction, Gaëtan retrouve trois camarades. *« C'était rassurant de ne pas débuter seul, mais on a rapidement dû se répartir dans les annexes du commissariat. »* Ses ressentis le jour J ? *« J'étais fier de prendre mes fonctions, de quitter l'école, d'être enfin sur le terrain. Même si l'on effectue des stages, les responsabilités commencent seulement une fois en poste. »*

Gérer le stress

Dès les premières semaines, Gaëtan découvre les réalités du métier. *« J'ai été appelé un dimanche à l'aube pour le suicide d'une adolescente… À 25 ans, on n'est pas préparé à cela. »* Ni aux longues permanences du week-end, seul au poste, avec le stress à gérer… *« On redoute d'être confronté à une affaire difficile, sans avoir beaucoup de recul. »* Autre souvenir : les premières auditions de mise en cause. *« J'étais mal à l'aise, tendu à l'idée de mal faire ! Mais on apprend vite en pratiquant. »* Quelques mois plus tard, c'est la titularisation.

Savoir écouter les collègues

Ses conseils pour bien vivre ces premiers pas ? S'appuyer sur l'expérience des « aînés ». *« C'est essentiel, quand on débute, de savoir écouter les collègues qui ont déjà un vécu, et d'apprendre de leurs expériences. »* Depuis, Gaëtan a occupé un poste à la brigade des mineurs, avant d'intégrer un commissariat à Paris. Devenu capitaine, il vise désormais l'étape suivante : passer commandant.

Son conseil !

« La police a ses codes et son fonctionnement propre. Quand on sort de l'école, le tort est de vouloir foncer sans prendre la mesure de tout ce qu'il faut connaître, en interne dans un service, par rapport à la hiérarchie, à une procédure, etc. Il faut savoir rester humble quand on commence car, au début, on ne sait rien. »

MES DÉBUTS DANS UNE ÉTUDE NOTARIALE

Charles-Édouard Peschard,
notaire associé à Paris

CV

Cursus en droit des affaires à Paris 1, puis en droit notarial à Paris 2
2 ans de stage chez LBMB

Pendant ses études de droit, Charles-Édouard a longtemps hésité entre notaire et magistrat. Ce qui a fait pencher la balance ? *« Le notaire est un chef d'entreprise. Je voulais gérer une équipe, organiser l'activité... »* Après 2 ans de stage au sein d'une étude, il décide de continuer dans la structure.

Son conseil !

« Lorsqu'il exerce en libéral, le notaire n'est pas qu'un professionnel du droit, c'est aussi un chef d'entreprise ! Il faut avoir une grande capacité de travail, et savoir manager. »

Premiers pas comme assistant

Il débute comme notaire assistant, un poste occupé par tous les jeunes diplômés avant leur nomination officielle par le garde des Sceaux. *« Je travaillais aux côtés de l'un des associés, je traitais les dossiers... »* Au bout de 6 ans, Charles-Édouard devient associé, une évolution rapide dans le métier. *« Pour gagner en expérience, les notaires assistants choisissent désormais d'être salariés 4 à 5 ans avant de s'associer. »*

Acheter des parts

En 2008, l'opportunité de racheter des parts à un associé s'offre à lui. Il prête serment et devient notaire en titre. *« Généralement, un rachat de parts se fait lors d'un départ à la retraite, ou quand l'étude veut se développer. »* Pour financer cet achat, la profession a un partenariat avec la Caisse des dépôts et consignations. *« Cela permet aux jeunes notaires de s'installer. Beaucoup d'entre eux passent par elle pour souscrire un prêt, mais il n'y a aucune obligation. »*

Être associé

Devenir associé était un choix évident pour lui. *« L'association permet d'avoir différents spécialistes au sein de l'étude : droit des affaires, droit de l'immobilier, droit de la famille... Nous pouvons échanger sur certains dossiers problématiques, et prendre du recul. »* Cela implique aussi de diriger l'entreprise. *« Nous sommes six associés, avec une cinquantaine de collaborateurs. Nous devons gérer le personnel, la comptabilité... C'est très prenant, mais passionnant ! »*

MES DÉBUTS EN TANT QU'EXPERTE JUDICIAIRE

Marjorie Chèze,
experte en toxicologie et directrice adjointe du laboratoire Toxlab

CV

- Master d'instrumentation et méthode d'analyse moléculaire
- Thèse de doctorat sur la soumission chimique

Un stage effectué chez Toxlab au cours de sa formation universitaire a été décisif dans l'orientation professionnelle de Marjorie. « *J'ai trouvé cela particulièrement intéressant, car l'analyse toxicologique est très variée. Les matrices (sang, urine, cheveux...) prélevées sur le lieu du crime ou du délit sont très différentes, et c'est toujours un défi de trouver ce que l'on cherche en fonction de leur état.* »

Des débuts en tant que technicienne

Après son master, la jeune femme effectue ses débuts à la paillasse en tant que technicienne chez Toxlab. À elle les extractions, les dosages, la traçabilité et l'interprétation des résultats. Désireuse de progresser, Marjorie complète ses connaissances en pharmacologie sur le terrain, publie des articles au niveau international, et participe à des congrès. En vue de poser sa candidature en tant qu'experte judiciaire, elle présente une thèse sur le thème de la soumission chimique.

L'accès à la fonction d'expert

En 2008, Marjorie devient directrice adjointe du laboratoire. Quelques mois plus tard, elle est inscrite sur la liste des experts de la cour d'appel de Paris. « *Les résultats des recherches me sont soumis. Je dois vérifier la cohérence du dossier, et m'assurer que ce dernier est compréhensible pour le juge. Et plus on a d'ancienneté, plus on traite de dossiers délicats.* »

Jouer le jeu de la justice

En tant qu'experte, Marjorie a dû plusieurs fois se rendre en cour d'assises. « *C'est une dimension qui est passionnante, stressante et stimulante. Cela nous permet de donner un éclairage supplémentaire au dossier, mais aussi de mieux retravailler nos conclusions en amont.* »

Son conseil !

« Les analyses toxicologiques, c'est-à-dire la recherche d'alcool, de stupéfiant, de médicaments, etc., sont effectuées sur des morceaux de foie, de rein, de poumon... Il faut parfois avoir le cœur bien accroché, et savoir prendre de la distance. C'est un point sur lequel j'insiste toujours avec nos stagiaires. »

GUIDE PRATIQUE

PRÉPARER SON ENTRÉE DANS LE SUPÉRIEUR

Dès la classe de 1re, commencez à construire votre parcours étape par étape.

Classe de 1re

SEPTEMBRE À DÉCEMBRE

→ Engagez le **dialogue** avec l'équipe éducative de votre établissement (professeur principal, conseiller d'orientation-psychologue, etc.).

→ Participez aux **actions d'orientation et d'information** organisées dans votre lycée.

→ Profitez des **salons d'orientation** ou des **conférences thématiques** organisés dans votre région pour démarrer la réflexion en famille, en parallèle de l'accompagnement effectué en classe.

→ Sur **www.onisep.fr**, consultez ***Après le bac, choisir ses études supérieures*** de votre région. Outre une présentation des filières du supérieur, il permet de repérer les manifestations souvent destinées à la fois aux élèves de 1re et de terminale, et de parcourir toute l'offre de formation dans votre académie, avec indication des cursus publics et privés. Pour une information plus approfondie sur telle ou telle filière, consultez l'onglet « Après le bac » sur **www.onisep.fr**. Un traitement bac par bac vous est également proposé.

→ Pour une réflexion autour de vos centres d'intérêt et le choix de votre formation, prenez rendez-vous dans le **centre d'information et d'orientation (CIO)** le plus proche de chez vous.

DÉCEMBRE À FÉVRIER

→ Universités, centres de formation d'apprentis (CFA), écoles... tous les établissements organisent certains week-ends des **journées portes ouvertes (JPO)** destinées aux lycéens.

Retrouvez les dates des journées portes ouvertes sur **www.onisep.fr**, dans l'espace de votre région ou sur le site de votre rectorat.

→ Des **journées d'immersion** permettent également d'aller seul ou avec sa classe à la découverte des universités. C'est l'occasion de rencontrer étudiants et enseignants, de suivre certains cours, de percevoir l'ambiance de travail. Une découverte à poursuivre ensuite en terminale.

→ L'accès à l'immense majorité des places dans le supérieur est régi par la **procédure nationale d'admission post-bac**. Renseignez-vous sur les modalités, le calendrier, etc.

Classe de terminale

SEPTEMBRE À DÉCEMBRE

→ En préparation des inscriptions, repérez sur **www.onisep.fr_APB** les filières dont l'inscription s'effectue *via* la procédure Admission post-bac.

→ **Inscription hors APB.** Le portail Admission post-bac ne concerne pas certaines formations. Il vous faut alors prendre contact directement avec les établissements concernés pour connaître les dates et les modalités d'inscription. C'est le cas, en 2015, pour les inscriptions en bi-licences à l'université, en instituts d'études politiques (IEP), à certaines écoles d'ingénieurs, à certaines écoles d'art publiques, à certains centres de formation d'apprentis (CFA), aux établissements privés hors contrat. Plus d'infos sur **www.onisep.fr/hors_APB**.

→ Pour des interrogations précises autour d'une filière d'études, n'hésitez pas à poser toutes vos questions par courrier électronique, chat ou téléphone aux conseillers de l'Onisep *via* son service **www.monorientationenligne.fr**.

DÉCEMBRE À MARS

→ Sur **www.onisep.fr**, consultez ***Après le bac, choisir ses études supérieures*** de votre région. Faites une première sélection à partir de cet outil avant d'effectuer vos vœux sur le site **www.admission-postbac.fr** dès janvier, ou directement auprès des établissements dans certains cas.

→ Si vous visez une formation **en apprentissage**, c'est également la période idéale pour postuler auprès des entreprises, sans lesquelles aucun contrat ne peut être signé.

→ Complétez cette exploration avec des **visites d'établissements** qui vous permettront d'affiner vos choix et de vous aider à classer les filières d'études par ordre de préférence.

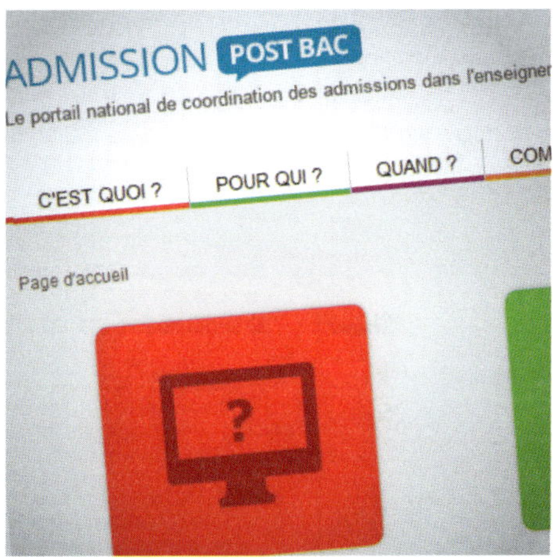

→ Le site **www.admission-postbac.fr** permet aux élèves de terminale d'effectuer des demandes d'inscription dans plusieurs filières du supérieur et de simplifier ainsi les démarches. Dès le mois de décembre, vous y retrouvez la liste des formations concernées, le calendrier et les différentes étapes à respecter, les profils particuliers (déjà bachelier, bac à l'étranger). Pour ceux qui visent l'université, vous devez aussi y effectuer une demande de conseil pour des licences visées (dite « d'orientation active »).

COMPARER LES FILIÈRES

BTS, DUT, licence, école spécialisée... reportez-vous à ce tableau pour découvrir d'un coup d'œil les caractéristiques des principales filières citées dans cette publication.

	BTS	DUT	Licence pro	Licence
Titre délivré	Diplôme national	Diplôme national	Diplôme national	Diplôme national
Établissement	Section de techniciens supérieurs, en lycée ou en école	Institut universitaire de technologie, à l'université	Université	Université
Niveau d'admission	Bac	Bac	Bac + 2	Bac
Durée des études	2 ans	2 ans	1 an	3 ans
Accès	Sur dossier, parfois entretien	Sur dossier, parfois entretien	Sur dossier et entretien	Pas de sélection en L1, mais avoir un profil cohérent
Stages	12 semaines	10 à 16 semaines	12 à 16 semaines	Facultatifs le plus souvent
Apprentissage	Oui (offre variable selon les spécialités)	Oui (offre variable selon les spécialités)	Oui (offre variable selon les spécialités)	Très rare
Validation	Examen final avec une part de contrôle continu	Contrôle continu	Contrôle continu et/ou examen final	Contrôle continu et/ou examen final
Coût annuel de la scolarité*	Gratuit dans le public, variable dans le privé	184 €	184 €	184 €
Poursuite d'études	Pour 53 % des étudiants, mais variable selon les spécialités	Pour 82 % des étudiants	Pour environ 20 % des étudiants	Le plus souvent, essentiellement en master

Master	Écoles de fonctionnaires (1)	Centres de formation professionnelle (2)
Diplôme national	Aucun	Certificat d'aptitude
Université	École nationale	École spécialisée
Licence	De bac + 2 à bac + 5 selon le concours	De bac + 3 à bac + 5 selon le métier
2 ans	De 18 à 31 mois	1 ou 2 ans
Sur dossier et entretien en M2, voire M1	Sur concours de recrutement	Sur examen
4 à 6 mois	Plus de 50 % du temps de formation	De 50 à 100 % du temps de formation
Oui (offre variable selon les spécialités)	Non	Non
Contrôle continu et/ou examen final	Contrôle continu donnant lieu à classement	Contrôle continu et examen final
256 €	Gratuit ; élèves fonctionnaires rémunérés	Frais variables ; stage rémunéré
Variable selon les spécialités	Non prévue	Non prévue

* Coûts pour l'année 2015-2016.
BTS : brevet de technicien supérieur ; DUT : diplôme universitaire de technologie.
(1) Écoles de la justice, écoles de la police.
(2) Avocats, huissiers, notaires.

CARNET D'ADRESSES DES FORMATIONS

Toute l'info sur les formations et les établissements est mise à jour sur **www.onisep.fr**.

Au sommaire

BTS

Un seul brevet de technicien supérieur permet d'accéder au métier de collaborateur de notaire, moyennant une poursuite d'études en licence professionnelle puis en institut des métiers du notariat. Les établissements de formation sont classés ici par départements avec leur statut (public, privé sous contrat/hors contrat, consulaire). Les formations proposées en apprentissage sont indiquées avec un **A**.

BTS NOTARIAT

01 Bourg-en-Bresse Lycée Edgar-Quinet
04 74 21 24 65 **Public S**

02 Saint-Quentin Lycée Condorcet
03 23 08 44 44 **Public S**

03 Cusset Cité scolaire Albert-Londres
04 70 97 25 25 **Public S**

06 Cannes Institut libre d'études commerciales
04 97 06 64 51 **Pr Hc S**

06 Nice Lycée Honoré-d'Estienne-d'Orves
04 93 97 12 00 **Public S**

11 Narbonne École ESP
04 68 32 35 33 **Pr Hc S**

13 Aix-en-Provence Institut des métiers du notariat
04 42 24 82 34 **Pr reconnu S**

13 Marseille Lycée Victor-Hugo
04 91 11 05 00 **Public S**

14 Caen École supérieure des services aux entreprises
02 31 53 30 30 **Pr Hc S**

17 La Rochelle Isfac
05 46 45 10 64 **Pr Hc S**

18 Bourges Lycée Sainte-Marie Saint-Dominique
02 48 50 96 60 **Pr Sc S**

21 Dijon Institut des métiers du notariat
03 80 67 15 71 **Pr reconnu S**

25 Besançon Lycée Saint-Jean
03 81 47 42 20 **Pr Sc A**

27 Évreux Lycée Aristide-Briand
02 32 23 69 00 **Public S**

29 Brest Anaho-Pigier
02 98 46 34 47 **Pr Hc S**

29 Quimper Lycée Chaptal
02 98 55 47 46 **Public Int hors étab S**

30 Nîmes Institut des métiers du notariat
04 66 67 85 40 **Pr reconnu S**

31 Toulouse Institut des métiers du notariat
05 61 23 22 91 **Pr reconnu S**

31 Toulouse Institut Jean-Jacques-Rousseau
05 61 63 10 12 **Pr Hc S**

31 Toulouse Lycée Toulouse-Lautrec
05 34 40 12 20 **Public S**

33 Bordeaux Institut des métiers du notariat et CFP des notaires
05 56 48 69 60 **Pr reconnu S**

33 Mérignac Lycée Fernand-Daguin
05 56 12 13 20 **Public S**

34 Castelnau-le-Lez Epicom
04 67 72 03 04 **Pr Hc S**

34 Montpellier Institut des métiers du notariat
04 67 54 16 38 **Pr reconnu S**

35 Rennes Esup
02 99 31 42 43 **Pr Hc S**

35 Rennes Institut des métiers du notariat
02 99 65 50 60 **Pr reconnu S**

38 Gières ISF
04 76 03 74 00 **Pr Hc S**

38 Grenoble Institut Univeria
04 76 46 00 47 **Pr Hc S**

44 Nantes Institut des métiers du notariat
02 40 74 08 76 **Pr reconnu S**

45 Orléans Lycée Voltaire
02 38 63 36 20 **Public S**

49 Angers Institut des métiers du notariat
02 41 86 09 17 **Pr reconnu S**

50 Cherbourg-Octeville Lycée Alexis-de-Tocqueville
02 33 88 35 00 **Public S**

51 Reims Lycée Libergier
03 26 77 61 61 **Public S**

54 Nancy École Pigier
03 83 35 97 97 **Pr Hc S**

54 Nancy Lycée Georges-de-la-Tour
03 83 96 48 98 **Public S ou A**

56 Lorient Anaho-Pigier
02 97 35 36 00 **Pr Hc S**

59 Lille Efab - École supérieure des métiers de l'immobilier
03 20 15 16 77 **Pr Hc S**

59 Lille Institut des métiers du notariat
03 20 54 54 52 **Pr reconnu S**

62 Saint-Martin-Boulogne Lycée Giraux-Sannier
03 21 30 85 85 **Public S**

63 Clermont-Ferrand Institut des métiers du notariat
04 73 17 77 60 **Pr reconnu S**

65 Tarbes Lycée Pradeau-La-Sède-Saint-Pierre
05 62 44 20 66 **Pr Sc S**

67 Strasbourg Institut des métiers du notariat
03 88 23 40 31 **Pr reconnu S**

67 Strasbourg Pigier
03 88 37 59 00 **Pr Hc S**

69 Lyon Groupe Sciences U Lyon - Crespa
04 26 29 01 01 **Pr Hc S**

69 Lyon Institut des métiers du notariat
04 78 78 70 64 **Pr reconnu S**

72 Le Mans Lycée Gabriel-Touchard - Washington
02 43 50 16 20 **Public S**
73 Aix-les-Bains Lycée Marlioz
04 79 35 25 09 **Public S**
75 Paris École Pigier Performance
01 55 07 07 55 **Pr Hc S**
75 Paris Icoges
01 45 58 17 33/01 55 26 95 70 **Pr Hc S**
75 Paris Institut des métiers du notariat
01 43 46 24 09 **Pr reconnu S**
75 Paris Lycée Maurice-Ravel
01 44 64 87 40 **Public S**
76 Rouen Institut des métiers du notariat
02 35 70 50 41 **Pr reconnu S**
78 Guyancourt École Pigier
01 34 52 70 70 **Pr Hc S**
78 Versailles Lycée Marie-Curie
01 39 24 13 70 **Public S**
83 Saint-Raphaël Déclic
04 94 19 48 34 **Pr Hc S**
84 Avignon IFC Provence
04 90 14 15 90 **Pr Hc S**
85 La Roche-sur-Yon Lycée Notre-Dame-du-Roc
02 51 47 74 74 **Pr Sc S**
86 Futuroscope Centre d'enseignement à distance (Cned)
05 49 49 94 94 **Public télé-enseignement**
86 Poitiers Lycée Aliénor-d'Aquitaine
05 49 44 81 00 **Public S ou A**
89 Auxerre Lycée Saint-Joseph
03 86 94 23 60 **Pr Sc S**
91 Massy Lycée Parc-de-Vilgénis
01 69 53 74 00 **Public S**
92 Vaucresson Établissement régional d'enseignement adapté (Erea) Toulouse-Lautrec
01 47 01 09 18 **Public S**
93 Montreuil Plus Values site Paris Est
01 48 70 07 00 **Pr Hc S**
94 Fontenay-sous-Bois Lycée Pablo-Picasso
01 48 76 26 73 **Public S**
95 Ermont Lycée Van-Gogh
01 30 72 74 22 **Public S**

DUT

Deux diplômes universitaires de technologie permettent d'accéder aux concours de la justice, moyennant souvent une poursuite d'études en licence. Les établissements de formation sont classés ici par départements avec leur statut (public, privé sous contrat/hors contrat, consulaire).
Les formations proposées en apprentissage sont indiquées avec un **A**. Celle portant la mention **AS** pour année spéciale se déroule en 1 an au lieu de 2 (dispositif réservé aux étudiants ayant déjà validé 2 années dans l'enseignement supérieur).

DUT CARRIÈRES JURIDIQUES

02 Cuffies IUT de l'Aisne 03 23 76 40 20
02 Laon IUT de l'Aisne 03 23 26 01 48
11 Narbonne IUT de Perpignan 04 68 90 91 01 **AS**
12 Rodez IUT 05 65 77 10 80
33 Bordeaux IUT Bordeaux Montesquieu 05 56 00 95 56 **A**
35 Saint-Malo IUT 02 99 21 95 00
38 Grenoble IUT 2 04 76 28 45 09
59 Roubaix IUT C 03 28 33 36 20
68 Colmar IUT 03 89 20 23 58 **S ou A**
69 Lyon IUT Jean-Moulin 04 81 65 26 00
76 Rouen IUT 02 35 14 60 14
93 Villetaneuse IUT de Villetaneuse 01 49 40 44 51 **S ou A**

DUT CARRIÈRES SOCIALES OPTION ÉDUCATION SPÉCIALISÉE

06 Menton IUT de Nice 04 93 28 66 80
27 Évreux IUT 02 32 29 15 03
38 Grenoble IUT 2 04 76 28 45 09
46 Figeac IUT de Figeac 05 65 50 30 60
49 Cholet IUT d'Angers 02 44 68 88 80
59 Tourcoing IUT B 03 20 76 25 00/03 20 76 25 97 **AS**
92 Nanterre IUT de Ville d'Avray (Nanterre) 01 40 97 98 27

LICENCES

Liste des licences de droit permettant de poursuivre ses études en master, mais aussi de se présenter à certains concours de recrutement de la justice ou de la police judiciaire, après la 2e année (L2) validée ou plus souvent après la 3e année (L3). Noter que la bilicence droit-histoire de l'art et archéologie de Paris Panthéon-Sorbonne ouvre l'accès à la formation de commissaire-priseur judiciaire. Pour chaque licence est indiquée l'université (en bleu), suivie du lieu d'enseignement (en noir).
Les formations proposées en apprentissage sont indiquées avec un **A**.
Pour compléter votre information sur les parcours de spécialisation possibles en licence, consultez notre site www.onisep.fr.

- **Bidisciplinaire droit - histoire de l'art :** Univ. de Bretagne occidentale Quimper
- **Bidisciplinaire droit - histoire de l'art et archéologie :** Univ. Paris Sorbonne Paris
- **Droit :** Centre universitaire de Mayotte Dembéni ; Centre universitaire Champollion Albi ; Cned Futuroscope ; Cnam Franche-Comté Belfort **A** ; Faculté libre d'économie, de droit et de gestion Paris ; Faculté libre de droit (FLD) - Antenne Issy-les-Moulineaux ; Institut catholique d'études supérieures La Roche-sur-Yon ; Institut catholique de Lyon Lyon ; Institut catholique de Paris Paris ; Institut catholique de Rennes Bruz ; Institut catholique de Toulouse Toulouse ; UCO d'Angers Angers ; Univ. de Nice Nice ; Univ. de Nîmes Nîmes ; Univ. de Strasbourg Strasbourg ; Univ. d'Aix-Marseille Aix-en-Provence ; Univ. d'Aix-Marseille Arles ; Univ. d'Aix-Marseille Marseille ; Univ. d'Angers Angers ; Univ. d'Angers

IUT : institut universitaire de technologie
Pr Hc : privé hors contrat
Pr Sc : privé sous contrat
A : statut de l'élève "apprenti"
S : statut de l'élève "scolaire"
AS : année spéciale

Licences (suite)

Cholet; Univ. d'Artois Douai; Univ. d'Auvergne Clermont-Ferrand; Univ. d'Avignon Avignon; Univ. d'Évry Évry; Univ. d'Orléans Bourges; Univ. d'Orléans Châteauroux; Univ. d'Orléans Orléans; Univ. de Bordeaux Agen; Univ. de Bordeaux Périgueux; Univ. de Bordeaux Pessac; Univ. de Bourgogne Dijon; Univ. de Bourgogne Nevers; Univ. de Bretagne occidentale Brest; Univ. de Bretagne occidentale Quimper; Univ. de Bretagne-Sud Vannes; Univ. de Caen Caen; Univ. de Caen Damigny; Univ. de Cergy Cergy; Univ. de Corse Corte; Univ. de Franche-Comté Belfort; Univ. de Franche-Comté Besançon; Univ. de Guyane Cayenne; Univ. de Haute-Alsace Mulhouse; Univ. de La Réunion Le Tampon; Univ. de La Réunion Saint-Denis; Univ. de La Rochelle La Rochelle; Univ. de Lille 2 Cambrai; Univ. de Lille 2 Lille; Univ. de Limoges Brive-la-Gaillarde; Univ. de Limoges Limoges; Univ. de Lorraine Épinal; Univ. de Lorraine Metz; Univ. de Lorraine Nancy; Univ. de Lorraine Sarreguemines; Univ. de Montpellier Montpellier; Univ. de Nantes La Roche-sur-Yon; Univ. de Nantes Nantes; Univ. de Nouvelle-Calédonie Nouméa; Univ. de Pau Bayonne; Univ. de Pau Pau; Univ. de Perpignan Narbonne; Univ. de Perpignan Perpignan; Univ. de Poitiers La Couronne; Univ. de Poitiers Niort; Univ. de Poitiers Poitiers; Univ. de Polynésie française Faaa; Univ. de Reims Reims; Univ. de Reims Troyes; Univ. de Rouen Évreux; Univ. de Rouen Rouen; Univ. des Antilles Pointe-à-Pitre; Univ. des Antilles Schoelcher; Univ. de Savoie Chambéry; Univ. de Toulon Draguignan; Univ. de Toulon Toulon; Univ. de Valenciennes Valenciennes; Univ. de Versailles Saint-Quentin Guyancourt; Univ. du Havre Le Havre; Univ. du Littoral Boulogne-sur-Mer; Univ. du Littoral Dunkerque; Univ. du Maine Change; Univ. du Maine Le Mans; Univ. Grenoble 2 Saint-Martin-d'Hères; Univ. Grenoble 2 Valence; Univ. J. Monnet Saint-Étienne; Univ. J. Verne Amiens; Univ. Lyon 2 Lyon; Univ. Lyon 3 Bourg-en-Bresse; Univ. Lyon 3 Lyon; Univ. Panthéon-Assas Melun; Univ. Panthéon-Assas Paris; Univ. Panthéon-Sorbonne Paris; Univ. Paris 13 Villetaneuse; Univ. Paris 8 Saint-Denis; Univ. Paris-Dauphine Paris; Univ. Paris-Descartes Malakoff; Univ. Paris-Est Créteil Créteil; Univ. Paris-Ouest La Défense Nanterre; Univ. Paris-Sud Sceaux; Univ. Rennes 1 Rennes; Univ. Rennes 1 Saint-Brieuc; Univ. Toulouse 1 Montauban; Univ. Toulouse 1 Toulouse; Université catholique de Lille Lille; Univ. F. Rabelais Blois; Univ. F. Rabelais Tours

MASTERS

Liste des masters de droit permettant de se présenter à certains concours de recrutement de la justice et de la police judiciaire, et d'accéder aux formations professionnelles avec la 1re année (M1) validée ou avec la 2e année (M2). Pour chaque master est indiquée l'université (en bleu), suivie du lieu d'enseignement (en noir). Les formations proposées en apprentissage sont indiquées avec un **A**. Pour compléter votre information sur les parcours de spécialisation possibles en master, consultez notre site www.onisep.fr.

- **droit de la santé :** Univ. Paris-Descartes Malakoff
- **administration des affaires :** Univ. de Lorraine Metz **A**
- **administration des organisations :** Univ. de Bordeaux Pessac
- **administration économique et sociale :** Univ. de Poitiers Poitiers, Univ. de Strasbourg Strasbourg **A**
- **administration économique, sociale et culturelle :** Univ. de Bourgogne Dijon
- **administration et management international des territoires :** Univ. Paris-Est Créteil Créteil
- **administration publique :** ENS Paris Paris, Univ. de Lille 2 Lille, Univ. de Limoges Limoges, Univ. de Perpignan Perpignan, Univ. de Strasbourg Strasbourg, Univ. de Valenciennes Valenciennes, Univ. Panthéon-Sorbonne Bourg-la-Reine, Paris Univ. Paris Ouest La Défense Nanterre
- **affaires européennes et internationales :** Univ. de Pau Bayonne,
- **analyse économique et développement international :** Univ. d'Auvergne Clermont-Ferrand
- **analyse et contrôle physico-chimiques :** Univ. Lyon 1 Villeurbanne
- **archéologie :** Univ. de Montpellier P. Valéry Montpellier, Univ. Panthéon-Sorbonne Paris
- **archéologie et histoire :** Univ. de Nantes Nantes, Univ. Rennes 2 Rennes
- **archéologie et histoire de l'art :** Univ. d'Aix-Marseille Aix-en-Provence, Univ. Paris-Sorbonne Paris
- **archéologie, sciences pour l'archéologie :** Univ. Paris Ouest La Défense Nanterre
- **banque et marchés financiers :** Univ. Paris-Est Créteil Créteil **A**
- **biochimie et biotechnologies :** Univ. Toulouse 3 Toulouse
- **biodiversité, écologie, environnement :** Univ. Rennes 1 Rennes
- **biologie et santé :** Univ. de Bretagne occidentale Brest
- **biologie, santé :** Univ. F. Rabelais Tours
- **carrières judiciaires et sciences criminelles :** Univ. de Poitiers Poitiers, Univ. Panthéon-Assas Paris
- **carrières publiques :** Univ. de Toulon Toulon
- **commerce, décision, gestion :** Univ. d'Aix-Marseille Aix-en-Provence
- **comptabilité, finance, fiscalité et patrimoine :** Univ. d'Aix-Marseille Aix-en-Provence
- **cultures, arts et sociétés :** Univ. de Pau Pau
- **droit :** ENS Paris Paris, Univ. d'Artois Douai, Univ. d'Avignon Avignon, Univ. de Caen Caen, Univ. de Corse Corte **A**, Univ. de Haute-Alsace Mulhouse **A**, Univ. de La Rochelle La Rochelle **A**, Univ. de Polynésie française Faaa, Univ. de Versailles Saint-Quentin Guyancourt, Univ. du Havre Le Havre, Univ. J. Verne Amiens, Univ. Paris 13 Villetaneuse, Univ. Paris-Dauphine Paris **A**
- **droit administratif :** Univ. de Versailles Saint-Quentin Guyancourt
- **droit canonique et droit européen comparé des religions :** Univ. de Strasbourg Strasbourg
- **droit comparé :** Univ. Panthéon-Sorbonne Paris, Univ. Paris 8 Saint-Denis, Univ. Paris Ouest La Défense Nanterre
- **droit comparé et droits étrangers :** Univ. Panthéon-Assas Paris
- **droit de la propriété intellectuelle :** Univ. de Strasbourg Strasbourg

- **droit de la santé :** Univ. d'Aix-Marseille Aix-en-Provence, Univ. de Lille 2 Lille, Univ. Paris 8 Saint-Denis, Univ. Paris-Descartes Malakoff **A**
- **droit de l'économie :** Univ. Paris Ouest La Défense Nanterre
- **droit de l'entreprise :** CFA Midisup Toulouse **A**, Univ. de Cergy Cergy **A**, Univ. de Lorraine Metz, Nancy, Univ. de Montpellier Montpellier, Univ. de Rouen Rouen, Univ. Toulouse 1 Toulouse **A**, Université catholique de Lille Lille
- **droit de l'environnement :** Univ. de Limoges Limoges
- **droit de l'innovation, de la communication et de la culture :** Univ. Panthéon-Sorbonne Paris, Univ. Paris-Sud Sceaux
- **droit de l'union européenne :** Univ. de Strasbourg Strasbourg
- **droit de santé :** Univ. Paris 8 Saint-Denis
- **droit des activités internationales et européennes :** Univ. Paris-Sud Sceaux
- **droit des affaires :** UDV Suze-la-Rousse, Univ. de Nîmes Nîmes, Univ. d'Aix-Marseille Aix-en-Provence **A**, Marseille, Univ. d'Angers Angers, Univ. de Bourgogne Dijon **A**, Univ. de La Réunion Saint-Denis, Univ. de Lille 2 Lille **A**, Univ. de Limoges Limoges **A**, Univ. de Perpignan Perpignan, Univ. de Poitiers Poitiers, Segonzac, Univ. de Strasbourg Strasbourg **A**, Univ. du Littoral Boulogne- sur-Mer, Univ. du Maine Le Mans, Univ. Lyon 3 Lyon, Univ. Panthéon- Assas Paris **A**, Univ. Panthéon-Sorbonne Paris, Univ. Paris-Descartes Malakoff Univ. Paris Ouest La Défense Nanterre, Univ. Paris-Est Créteil Créteil **A**, Univ. Rennes 1 Rennes
- **droit des affaires et du patrimoine privé :** Univ. de Limoges Limoges
- **droit des affaires et financier :** Univ. Paris-Sud Sceaux
- **droit des affaires et fiscalité :** Univ. Paris 8 Saint-Denis
- **droit des affaires internationales :** Univ. Panthéon-Assas Paris
- **droit des collectivités territoriales :** Univ. de Nîmes Nîmes, Univ. de Corse Corte, Univ. du Littoral Boulogne-sur-Mer
- **droit des espaces et des activités maritimes :** Univ. de Bretagne occidentale Brest, Plouzané
- **droit du numérique :** Univ. de Lille 2 Lille
- **droit du patrimoine :** Univ. de La Réunion Saint-Denis, Univ. de Lille 2 Cambrai, Univ. de Poitiers Niort **A**, Poitiers, Univ. Panthéon-Sorbonne Paris
- **droit économique et des affaires :** Univ. de Nice Biot, Nice
- **droit et administration des organisations :** Univ. de Limoges Limoges
- **droit et administration publique :** Univ. d'Orléans Orléans **A**
- **droit et gestion :** Univ. Toulouse 1 Toulouse
- **droit et gestion de la santé :** Univ. de Montpellier Montpellier **A**, Univ. Paris-Descartes Malakoff
- **droit et gestion des finances publiques :** Univ. Panthéon-Sorbonne Paris
- **droit et management :** Univ. de Haute-Alsace Mulhouse **A**
- **droit et management de la culture et des médias :** Univ. d'Aix-Marseille Aix-en-Provence
- **droit et management des organisations sanitaires et sociales :** Univ. Lyon 3 Lyon
- **droit et transversalité des pratiques juridiques :** Univ. de Rouen Rouen
- **droit européen :** ENS Cachan Cachan, ENS Rennes Bruz, Univ. Panthéon-Assas Paris **A**, Univ. Panthéon-Sorbonne Paris **A**, Univ. Rennes 1 Rennes
- **droit européen, international et comparé :** Univ. Lyon 3 Lyon
- **droit européens et droit international :** Univ. de Bordeaux Pessac
- **droit fiscal :** Univ. Panthéon-Sorbonne Paris
- **droit fondamental et appliqué :** Institut catholique de Paris Paris
- **droit français droit étranger :** Univ. Paris Ouest La Défense Nanterre
- **droit international :** Univ. de Cergy Cergy, Univ. Panthéon-Assas Paris, Univ. Panthéon-Sorbonne Paris, Univ. Paris Ouest La Défense Nanterre
- **droit international et droit européen :** Univ. Paris-Est Créteil Créteil,
- **droit international et européen :** Univ. de Nice Nice, Univ. d'Aix-Marseille Aix-en-Provence
- **droit international, européen et comparé :** Univ. Toulouse 1 Toulouse, Université catholique de Lille Lille
- **droit notarial :** Univ. de La Réunion Saint-Denis, Univ. Panthéon-Assas Paris, Univ. Paris-Descartes Malakoff, Univ. Paris Ouest La Défense Nanterre, Univ. Paris-Sud Sceaux
- **droit notarial, immobilier et du patrimoine :** Centre universitaire Champollion Albi, Univ. Toulouse 1 Toulouse
- **droit patrimonial, immobilier et notarial :** Univ. d'Aix-Marseille Aix-en-Provence **A**
- **droit patrimonial, immobilier et notariat :** Univ. d'Aix-Marseille Marseille **A**
- **droit pénal et sciences criminelles :** Univ. Paris Ouest La Défense Nanterre **A**
- **droit privé :** Institut catholique de Lyon Lyon, Univ. de Nice Nice, Univ. d'Angers Angers, Univ. d'Auvergne Clermont-Ferrand, Univ. de Savoie Chambéry, Univ. de Bordeaux Pessac, Univ. de Bourgogne Dijon, Univ. de Cergy Cergy, Univ. de Franche-Comté Besançon, Univ. de Lille 2 Lille, Univ. de Pau Bayonne, Pau, Univ. de Reims Reims, Univ. de Rouen Rouen, Univ. de Strasbourg Strasbourg, Univ. des Antilles Pointe-à-Pitre, Schoelcher, Univ. d'Orléans Orléans, Univ. Grenoble 2 Saint-Martin-d'Hères Univ. J. Monnet Saint-Étienne **A**, Univ. Lyon 2 Lyon, Univ. Panthéon-Assas Paris **A**, Univ. Panthéon-Sorbonne Paris, Univ. Paris-Descartes Malakoff **A**, Univ. Paris Ouest La Défense Nanterre, Univ. Rennes 1 Rennes
- **droit privé et carrières judiciaires :** Univ. Paris-Sud Sceaux,
- **droit privé et droit public :** Univ. F. Rabelais Tours, Univ. de Bretagne-Sud Vannes
- **droit privé et sciences criminelles :** Univ. d'Aix-Marseille Aix-en-Provence, Univ. de Lorraine Metz, Nancy, Univ. de Nantes Nantes, Univ. Lyon 3 Lyon
- **droit privé européen :** Univ. de Limoges Limoges
- **droit privé général et sciences criminelles :** Univ. de Nantes Nantes
- **droit privé, sciences criminelles et carrières judiciaires :** Centre universitaire Champollion Albi, Institut catholique de Toulouse Toulouse, Univ. de Montpellier Montpellier, Univ. Toulouse 1 Toulouse, Université catholique de Lille Lille
- **droit public :** Centre universitaire Champollion Albi, École des hautes études en santé publique Rennes, Institut catholique de Lyon Lyon, Univ. de Nice Nice, Univ. d'Aix-Marseille Aix-en-Provence, Univ. d'Angers Angers, Univ. d'Auvergne Clermont-Ferrand, Univ. de Savoie Chambéry, Univ. de Bourgogne Dijon, Univ. de Cergy Cergy **A**, Univ. de Franche-Comté Besançon, Univ.

Masters (suite)

de La Réunion Saint-Denis, Univ. de Lille 2 Lille, Univ. de Montpellier Montpellier **A**, Univ. de Nantes Nantes, Univ. de Pau Pau, Univ. de Poitiers La Couronne, Poitiers **A**, Univ. de Reims Reims, Univ. de Rouen Rouen, Univ. de Strasbourg Strasbourg, Univ. des Antilles Pointe-à-Pitre, Schoelcher, Univ. Grenoble 2 Saint-Martin-d'Hères, Univ. J. Monnet Saint-Étienne, Univ. Lyon 2 Lyon, Univ. Lyon 3 Lyon, Univ. Panthéon-Assas Paris **A**, Univ. Panthéon-Sorbonne Paris Univ. Paris-Descartes Malakoff, Univ. Paris Ouest La Défense Nanterre, Univ. Rennes 1 Rennes, Univ. Toulouse 1 Toulouse, Université catholique de Lille Lille

- **droit public et droit privé :** Univ. F. Rabelais Tours, Univ. de Bretagne occidentale Brest, Univ. de Strasbourg Strasbourg, Univ. de Valenciennes Valenciennes, Univ. J. Verne Amiens, Univ. Paris-Est Créteil Créteil
- **droit public et science politique :** Univ. de Bordeaux Pessac, Univ. de Lorraine Épinal, Nancy ou Sarreguemines
- **droit public études :** Univ. de Reims Reims
- **droit public fondamental :** Univ. de Pau Pau
- **droit public général et des affaires :** Univ. Paris-Sud Sceaux
- **droit public, droit privé :** Univ. du Maine Le Mans
- **droit sanitaire et social :** Univ. de Poitiers Poitiers,
- **droit social :** Univ. de Lille 2 Lille, Univ. de Nantes Nantes **A**, Univ. de Strasbourg Strasbourg, Univ. Panthéon-Assas Paris **A**, Univ. Panthéon-Sorbonne Paris **A**, Univ. Paris Ouest La Défense Nanterre **A**, Univ. Paris-Sud Sceaux, Univ. Rennes 1 Rennes
- **droits de l'Homme :** Univ. de Strasbourg Strasbourg
- **droits européens :** Univ. de Strasbourg Strasbourg
- **droits européens et droit international :** Univ. de Bordeaux Pessac
- **droits français et étranger :** Univ. Panthéon-Sorbonne Paris
- **économie de la firme et des marchés :** Univ. de Montpellier Montpellier
- **économie de l'entreprise et des marchés :** Univ. Paris 13 Villetaneuse
- **économie du droit :** Univ. Paris Ouest La Défense Nanterre
- **économie et droit :** Univ. Toulouse 1 Toulouse
- **économie et gestion des entreprises :** Univ. Rennes 1 Rennes
- **économie et gestion publiques :** Univ. Rennes 1 Rennes
- **économie et management :** Univ. Lyon 2 Lyon, Univ. Panthéon-Sorbonne Paris
- **économie managériale et industrielle :** Univ. Panthéon-Assas Paris
- **économie-gestion :** Univ. de Franche-Comté Besançon **A**
- **entreprise et patrimoine :** Univ. de Toulon Toulon
- **environnement :** Univ. Paris-Sud Orsay, Sceaux
- **environnement et développement durable :** Univ. Panthéon-Sorbonne Paris
- **environnement, terre, évolution, climat :** Univ. de Bourgogne Dijon
- **éthique :** Univ. Paris-Descartes Paris
- **éthique, sciences, normes et sociétés :** Univ. de Strasbourg Strasbourg
- **éthique de la santé et médecine légale :** Univ. de Lorraine Vandœuvre-lès-Nancy
- **éthique, sciences, santé et société :** Univ. Paris-Sud Le Kremlin-Bicêtre
- **études bilingues des droits de l'Europe :** Univ. Paris Ouest La Défense Nanterre
- **études européennes :** Univ. de Lorraine Nancy
- **études européennes et internationales :** École nationale de la sécurité et de l'administration de la mer Nantes, Univ. de Nantes Nantes, Univ. Paris-Est Champs-sur-Marne, Univ. Sorbonne Nouvelle Paris
- **études européennes, méditerranéennes et asiatiques :** EPHE Paris
- **études internationales et européennes :** Univ. Grenoble 2 Saint-Martin-d'Hères
- ***European Masters Degree in Food Studies* :** AgroParisTech Massy, Montpellier, Nancy, Paris, Thiverval-Grignon
- **finance et affaires internationales :** Univ. de Nantes Nantes
- **finance, comptabilité :** Univ. de Nice Nice, Univ. de Poitiers Poitiers **A**
- **géographie, science de l'espace et du territoire :** Univ. de Bordeaux Montaigne Pessac
- **gouvernance économique internationale :** Univ. Panthéon-Assas Paris **A**
- **gouvernance territoriale :** Univ. F. Rabelais Tours **A**
- **histoire :** EHESS Paris, Univ. de Nice Nice, Univ. de Caen Caen, Univ. Lyon 3 Lyon
- **histoire de l'art et patrimoine :** Univ. de Bordeaux Montaigne Pessac
- **histoire du droit :** Univ. d'Aix-Marseille Aix-en-Provence, Univ. de Montpellier Montpellier, Univ. Paris-Descartes Malakoff
- **histoire du droit et des institutions :** Univ. de Lille 2 Lille, Univ. Toulouse 1 Toulouse
- **histoire et territoires :** Univ. J. Verne Amiens
- **histoire, archéologie, histoire de l'art :** Univ. de Strasbourg Strasbourg,
- **histoire, histoire de l'art :** Univ. de Montpellier P. Valéry Montpellier
- **histoire, histoire de l'art et archéologie :** ENS de Lyon Lyon, Univ. Lyon 2 Bron, Univ. Toulouse 2 Toulouse
- **histoire, patrimoine, études européennes :** Univ. de Lorraine Metz, Nancy
- **identification, aménagement et gestion du foncier :** Cnam Le Mans
- **identités, patrimoines, histoire :** Univ. de Bretagne occidentale Quimper
- **inégalités et discriminations, manager les enjeux contemporains de l'égalité :** Univ. Lyon 2 Lyon,
- **information et communication :** Univ. Toulouse 1 Toulouse
- **ingénierie économique :** Univ. d'Orléans Orléans
- **islamologie, droit et gestion :** Univ. de Strasbourg Strasbourg,
- **juriste d'entreprise :** Univ. F. Rabelais Tours **A**
- **juriste international et européen :** Univ. F. Rabelais Tours
- **justice et procès :** Univ. Panthéon-Sorbonne Paris
- **langues étrangères appliquées :** Univ. de La Rochelle La Rochelle, Univ. de Nantes Nantes, Univ. Lyon 3 Lyon, Univ. Paris-Sorbonne Paris
- **management :** Univ. de Pau Bayonne, Pau, Univ. Panthéon-Sorbonne Paris, Univ. Paris-Descartes Malakoff, Univ. Paris-Est Serris **A**
- **management intégré sécurité, environnement qualité (SEQ) :** Univ. de Montpellier Montpellier
- **management public :** Univ. d'Aix-Marseille Aix-en-Provence, Marseille
- **master intégré franco-allemand en droit de l'entreprise :** Univ. de Cergy Cergy
- **médicaments et autres produits de santé :** Univ. Paris-Sud Châtenay-Malabry **A**

- **métiers de l'international :** Inalco Paris
- **migrations internationales :** Univ. de Poitiers Poitiers
- **mondes anciens et médiévaux, territoires et environnement du passé :** Univ. de Bourgogne Dijon, Univ. de Franche-Comté Besançon
- **monnaie, finance, banque :** Univ. Panthéon-Assas Paris
- **personne et procès :** Univ. de Toulon Draguignan, Toulon
- **politique et action publique :** Univ. de Lille 2 Lille
- **politiques européennes :** Univ. de Strasbourg Strasbourg
- **psychologie :** Univ. Rennes 2 Rennes
- **relations internationales :** Univ. Panthéon-Assas Paris
- **santé publique :** Univ. Rennes 1 Rennes
- **science politique :** ENS de Lyon Lyon, IEP de Rennes Rennes, Univ. de Nice Nice, Univ. de Montpellier Montpellier, Univ. J. Monnet Saint-Étienne, Univ. Lyon 2 Lyon, Univ. Panthéon-Assas Paris, Univ. Paris 13 Villetaneuse **A**, Univ. Rennes 1 Rennes
- **science politique, relations internationales :** Univ. Lyon 3 Lyon
- **sciences de l'Antiquité :** Univ. de Lille 3 Villeneuve-d'Ascq
- **sciences de l'Antiquité et du Moyen-Age :** Univ. de Bordeaux Montaigne Pessac
- **sciences du management :** Univ. de Bourgogne Dijon, Univ. Paris-Sud Sceaux
- **sciences du médicament :** Univ. de Lille 2 Lille, Univ. de Strasbourg Illkirch-Graffenstaden **A**
- **sciences du territoire :** Univ. Grenoble 1 Grenoble **A**
- **sciences et techniques des activités physiques et sportives :** ENS Cachan Cachan
- **sciences historiques :** Univ. F. Rabelais Tours, Univ. de Lille 3 Villeneuve-d'Ascq
- **sociologie :** Univ. de Franche-Comté Besançon
- **territoires et cultures :** Univ. B. Pascal Clermont-Ferrand
- **théorie et analyse du droit :** EHESS Paris

UNIVERSITÉS

Sont présentées ici, par ordre d'académies puis de noms, les universités françaises dispensant des formations en droit ou en sciences juridiques. Pour retrouver les diplômes qu'elles délivrent : licences, masters, mais aussi les DUT ouvrant au secteur (carrières sociales, carrières juridiques), consultez notre site www.onisep.fr.

Aix-Marseille

■ Université d'Aix-Marseille
www.univ-amu.fr
- Antenne de Gap de la faculté d'économie et gestion, 05 Gap (05)
- UFR droit et science politique, Aix-en-Provence (13)
- UFR économie et gestion - site d'Aix-en-Provence (13)
- UFR droit et science politique - antenne d'Arles (13)
- UFR droit et science politique - antenne de Marseille (13)
- UFR économie et gestion - antenne de Marseille (13)

■ Université d'Avignon et des Pays de Vaucluse
www.univ-avignon.fr
- UFRip droit, économie, gestion, Avignon (84)

Amiens

■ Université de Picardie Jules-Verne
www.u-picardie.fr
- UFR droit et science politique, Amiens (80)
- institut d'études judiciaires, Amiens (80)

Besançon

■ Université de Franche-Comté
www.univ-fcomte.fr
- UFR sciences juridiques économiques politiques et gestion, Besançon (25)
- UFR sciences techniques et gestion de l'industrie - site de Belfort (90)

Bordeaux

■ Université de Bordeaux
www.u-bordeaux.fr
- département d'études juridiques et économiques de Périgueux (24)
- institut d'études judiciaires, Bordeaux (33)
- faculté de droit et de science politique, Pessac (33)
- faculté d'économie, gestion et AES, Pessac (33)
- département d'études juridiques d'Agen (47)

■ Université Pau et des Pays de l'Adour
www.univ-pau.fr
- UFR pluridisciplinaire de Bayonne, Anglet et Biarritz, Bayonne (64)
- institut d'études judiciaires, Pau (64)
- UFR droit, économie et gestion, Pau (64)

Caen

■ Université de Caen Basse-Normandie
www.unicaen.fr
- UFR droit et sciences politiques, Caen (14)
- UFR droit - antenne universitaire d'Alençon, Damigny (61)

Clermont-Ferrand

■ Université d'Auvergne
www.u-clermont1.fr
- école de droit, Clermont-Ferrand (63)
- institut d'études judiciaires, UFR droit et science politique, Clermont-Ferrand (63)

Corse

■ Université de Corse Pascal Paoli
www.univ-corse.fr
- UFR droit, sciences sociales, économiques et gestion, Corte (20B)

Créteil

■ Université Paris 8 Saint-Denis
www.univ-paris8.fr
- UFR droit, Saint-Denis (93)
- UFR AES - économie et gestion, Saint-Denis (93)

■ Université Paris 13
www.univ-paris13.fr
- UFR droit, sciences politiques et sociales, Villetaneuse (93)

■ Université de Paris-Est Créteil Val-de-Marne
www.u-pec.fr
- UFR droit, Créteil (94)

Dijon

■ Université de Bourgogne
www.u-bourgogne.fr
- institut d'études judiciaires, Dijon (21)
- UFR droit, sciences économique et politique, Dijon (21)

UFR : unité de formation et de recherche
A : statut de l'élève "apprenti"

Universités (suite)

- UFR droit et science politique - antenne de Nevers (58)
- centre universitaire Condorcet, Le Creusot (71)

Grenoble

■ Université Pierre-Mendès-France - Grenoble 2
www.upmf-grenoble.fr
- faculté de droit, Valence (26)
- institut d'études judiciaires, Grenoble (38)
- faculté de droit, Saint-Martin-d'Hères (38)

■ Université Savoie Mont-Blanc
www.univ-smb.fr
- faculté de droit, Chambéry 73

Guadeloupe

■ Université des Antilles
www.univ-ag.fr
- UFR sciences juridiques et économiques de Guadeloupe, Pointe-à-Pitre (971)
- UFR sciences juridiques et économiques de Martinique, Schoelcher (972)

Guyane

■ Université de la Guyane
- institut d'enseignement supérieur de la Guyane, Cayenne (973)

La Réunion

■ Université de La Réunion
www.univ-reunion.fr
- UFR droit et économie - antenne du Tampon (974)
- UFR droit et économie, Saint-Denis (974)

Lille

■ Université de Lille 2
www.univ-lille2.fr
- centre universitaire La Forêt, Cambrai (59)
- faculté des sciences juridiques, politiques et sociales, Lille (59)
- institut d'études judiciaires - faculté des sciences juridiques et politiques, Lille (59)

■ Université d'Artois
www.univ-artois.fr
- faculté des sciences juridiques et politiques Alexis de Tocqueville, Douai (59)
- UFR économie, gestion, administration et sciences sociales, Arras (62)

■ Université du Littoral Côte d'Opale
www.univ-littoral.fr
- centre universitaire Lamartine, Dunkerque (59)
- centre de gestion universitaire Saint-Louis, Boulogne-sur-Mer (62)

■ Université catholique de Lille
www.univ-catholille.fr
- faculté de droit, Lille (59)

■ Université de Valenciennes et du Hainaut Cambrésis
www.univ-valenciennes.fr
- faculté de droit, d'économie et de gestion, Valenciennes (59)
- institut d'études judiciaires, Valenciennes (59)

Limoges

■ Université de Limoges
www.unilim.fr
- faculté de droit et des sciences économiques - site de Brive (19)
- faculté de droit et des sciences économiques - site de Limoges (87)
- institut d'administration des entreprises, Limoges (87)
- institut d'études judiciaires, Limoges (87)

Lyon

■ Université Jean-Moulin Lyon 3 www.univ-lyon3.fr
- campus de Bourg-en-Bresse (01)
- faculté de droit, Lyon (69)
- institut de formation et de recherche sur les organisations sanitaires, Lyon (69)
- institut d'études judiciaires, Lyon (69)
- institut de droit patrimonial et immobilier, Lyon (69)
- faculté des langues, Lyon (69)
- faculté de philosophie, Lyon (69)

■ Université Jean-Monnet Saint-Étienne
www.univ-st-etienne.fr
- centre universitaire roannais, Roanne (42)
- UFR droit, Saint-Étienne (42)
- institut d'administration des entreprises, Saint-Étienne (42)

■ Université Lumière Lyon 2
www.univ-lyon2.fr
- faculté de droit et science politique, Bron (69)
- faculté de sciences économiques et de gestion, Lyon (69)
- institut d'études du travail de Lyon, Lyon (69)

■ Institut catholique de Lyon
www.univ-catholyon.fr
- faculté de droit, Lyon (69)

Martinique

■ Université des Antilles
www.univ-ag.fr
- institut d'études judiciaires, Schoelcher (972)

Montpellier

■ Université de Perpignan Via Domitia
www.univ-perp.fr
- UFR sciences juridiques et économiques- site de Narbonne (11)
- UFR sciences juridiques et économiques, Perpignan (66)

■ Université de Nîmes
www.unimes.fr
- département de droit, économie et gestion, Nîmes (30)

■ Université Paul-Valéry Montpellier 3
www.univ-montp3.fr
- Antenne de Béziers (34)
- UFR4 sciences économiques, mathématiques et sociales, Montpellier (34)

■ Université de Montpellier
www.umontpellier.fr
- institut d'études judiciaires, Montpellier (34)
- UFR administration économique et sociale, Montpellier (34)
- UFR droit et science politique, Montpellier (34)

Nancy-Metz

■ Université de Lorraine
www.univ-lorraine.fr
- institut d'études judiciaires, Nancy (54)
- UFR droit, sciences économiques et gestion, Nancy (54)
- institut supérieur d'administration et de management, Nancy (54)
- UFR sciences médicales, Vandœuvre-lès-Nancy (54)
- UFR sciences humaines et sociales, Metz (57)
- UFR droit, économie et administration, Metz (57)
- centre universitaire de Sarreguemines - antenne de droit, Sarreguemines (57)
- centre d'études juridiques d'Épinal (88)

Nantes

■ Université de Nantes
www.univ-nantes.fr
- faculté des langues et cultures étrangères, Nantes (44)
- institut d'études judiciaires, Nantes (44)
- UFR droit et sciences politiques, Nantes (44)
- centre universitaire départemental - antenne de La Roche-sur-Yon (85)

■ Université catholique de l'Ouest
www.uco.fr
- faculté des sciences, Angers (49)

■ Université d'Angers
www.univ-angers.fr
- UFR droit économie et gestion, Angers (49)
- domaine universitaire choletais université d'Angers, Cholet (49)

■ Université du Maine
www.univ-lemans.fr
- UFR droit, sciences économiques et gestion - site de Laval, Change (53)
- UFR droit, sciences économiques et gestion - site du Mans (72)

■ Institut catholique d'études supérieures www.ices.fr
- La Roche-sur-Yon (85)

Nice

■ Université Nice Sophia Antipolis www.unice.fr
- IUP management et gestion des entreprises, Biot (06)
- institut supérieur d'économie et de management, Nice (06)
- faculté de droit et de sciences politiques, Nice (06)
- institut d'études judiciaires, Nice (06)

■ Université de Toulon
www.univ-tln.fr
- UFR droit - antenne de Draguignan (83)
- UFR droit, Toulon (83)
- institut d'études judiciaires, Toulon (83)

Orléans-Tours

■ Université d'Orléans
www.univ-orleans.fr
- centre universitaire d'études juridiques de Bourges (18)
- centre d'études supérieures de Châteauroux (36)
- collegium droit, économie et gestion, Orléans (45)

■ Université de Tours
www.univ-tours.fr
- UFR sciences et techniques, Tours (37)
- UFR droit, économie et sciences sociales, Tours (37)
- UFR de Blois - antenne de l'université de Tours, Blois (41)

Paris

■ Faculté libre d'économie, de droit et de gestion
www.facoparis.com
- faculté libre d'économie de droit et de gestion, Paris (75)

■ Institut catholique de Paris
www.icp.fr
- faculté de sciences sociales et économiques, Paris (75)
- faculté de droit canonique, Paris (75)

■ Université Panthéon-Assas
www.u-paris2.fr
- centre de formation permanente, Paris (75)
- institut d'études judiciaires d'Assas, Paris (75)
- UFR économie, gestion - centre Charcot, Paris (75)
- UFR droit, économie, licence, gestion (L3), Paris (75)
- UFR droit et sciences politiques (cycle master), Paris (75)
- UFR droit et sciences politiques (cycle licence) - centre Vaugirard, Paris (75)
- UFR droit, économie, gestion (cycle licence) - centre Melun, Melun (77)

■ Université Panthéon-Sorbonne
www.univ-paris1.fr
- institut d'études judiciaires de la Sorbonne, Paris (75)
- UFR 26 études juridiques générales, Paris (75)
- UFR 12 travail et études sociales AES et droit social, Paris (75)
- UFR 07 études internationales et européennes, Paris (75)
- UFR 05 droit des affaires, Paris (75)
- UFR 01 droit, administration et secteur public, Paris (75)
- UFR histoire de l'art et archéologie (licence), Paris (75)
- UFR 21 institut de recherche et d'études supérieures de tourisme, Bourg-la-Reine (92)

■ Université Paris-Dauphine
www.dauphine.fr
- département LSO (licence sciences des organisations), Paris (75)
- département MSO (master des sciences des organisations), Paris (75)

■ Université Paris-Descartes
www.parisdescartes.fr
- UFR droit - faculté de droit, Malakoff (92)

Poitiers

■ Université de Poitiers
www.univ-poitiers.fr
- UFR droit et sciences sociales - site d'Angoulême, La Couronne (16)
- centre universitaire de la Charente - site Segonzac (16)
- UFR droit et sciences sociales - site de Niort (79)
- institut de préparation à l'administration générale, Poitiers (86)
- UFR droit et sciences sociales - site de Poitiers (86)

■ Université de La Rochelle
www.univ-larochelle.fr
- UFR droit, science politique et gestion, La Rochelle (17)
- UFR lettres, langues, arts et sciences humaines, La Rochelle (17)

Reims

■ Université de Reims Champagne-Ardenne
www.univ-reims.fr
- centre universitaire de Troyes (10)
- institut d'études judiciaires, Reims (51)
- UFR sciences économiques et gestion, Reims (51)
- UFR droit et science politique, Reims (51)

Rennes

■ Université Rennes 1
www.univ-rennes1.fr
- faculté de droit et de science politique - antenne de Saint Brieuc (22)
- observatoire des sciences de l'Univers de Rennes (35)
- faculté de droit et de science politique, Rennes (35)
- institut de préparation à l'administration générale, Rennes (35)
- institut d'études judiciaires, Rennes (35)

■ Université Rennes 2
www.univ-rennes2.fr
- UFR sciences sociales, Saint-Brieuc (22)
- UFR sciences sociales, Rennes (35)

■ Université de Bretagne occidentale
www.univ-brest.fr
- UFR médecine et sciences de la santé, Brest (29)
- UFR droit et sciences économiques, Brest (29)
- pôle universitaire de Quimper Pierre-Jakez Hélias, Quimper (29)

■ Université Bretagne-Sud
www.univ-ubs.fr
- faculté de droit, de sciences économiques et de gestion, Vannes (56)

Rouen

■ Université de Rouen
www.univ-rouen.fr
- antenne de l'UFR de droit de Rouen, Évreux (27)
- institut d'études judiciaires, Rouen (76)
- UFR droit, sciences économiques et gestion, Rouen (76)

UFR : unité de formation et de recherche

Universités (suite)

■ Université du Havre
www.univ-lehavre.fr
- faculté des affaires internationales, Le Havre (76)

Strasbourg

■ Université de Strasbourg
www.unistra.fr
- département d'études territoriales de l'IEP, Sélestat (67)
- centre européen d'enseignement et de recherche en éthique, Strasbourg (67)
- faculté de droit, de sciences politiques et de gestion, Strasbourg (67)
- faculté de théologie catholique, Strasbourg (67)
- institut d'études judiciaires, Strasbourg (67)

■ Université de Haute-Alsace Mulhouse www.uha.fr
- faculté des sciences économiques, sociales et juridiques, Mulhouse (68)

Territoires d'outre-mer

■ Université du Pacifique
www.upf.pf
- Université de Polynésie française, Faaa (987)

■ Université de Nouvelle-Calédonie
www.univ-nc.nc
- UFR droit, économie et gestion, Nouméa (988)

Toulouse

■ Centre universitaire de formation et de recherche Nord-Est Midi-Pyrénées Jean-François Champollion
www.univ-jfc.fr
- antenne du département de droit et économie (CUFR Jean-François Champollion), Rodez (12)
- département de droit et économie (CUFR Jean-François Champollion), Albi (81)

■ Institut catholique de Toulouse www.ict-toulouse.fr
- faculté libre de droit, Toulouse (31)

■ Université Toulouse 1 Capitole
www.ut-capitole.fr
- institut d'administration des entreprises, Toulouse (31)
- faculté de droit et de science politique, Toulouse (31)
- faculté d'administration et de communication, Toulouse (31)
- centre universitaire Toulouse 1, Montauban (82)

Versailles

■ Université de Versailles Saint-Quentin-en-Yvelines
www.uvsq.fr
- UFR des sciences sociales, Guyancourt (78)
- faculté de droit et de science politique, Guyancourt (78)

■ Université d'Évry-Val-d'Essonne
www.univ-evry.fr
- institut d'études judiciaires, Évry (91)
- UFR de droit et sciences politiques, Évry (91)
- UFR sciences sociales et gestion, Évry (91)

■ Université Paris-Descartes
www.droit.parisdescartes.fr
- institut d'études judiciaires, Malakoff (92)

■ Université Paris-Sud
www.u-psud.fr
- institut d'études judiciaires, Sceaux (92)
- UFR droit, économie et gestion, Sceaux (92)

■ Université Paris Ouest Nanterre La Défense
www.u-paris10.fr
- institut d'études judiciaires Henri-Motulsky, Nanterre (92)
- UFR droit et science politique, Nanterre (92)
- UFR sciences sociales et administration, Nanterre (92)

■ Université de Cergy-Pontoise
www.u-cergy.fr
- UFR droit, Cergy (95)
- institut d'études judiciaires, Cergy (95)

ÉCOLES SPÉCIALISÉES

Liste des centres de formation professionnelle (avocats, notaires) accessibles sur examen d'entrée, et des écoles de fonctionnaires accessibles sur concours.

CENTRES DE FORMATION PROFESSIONNELLE DU NOTARIAT

DN : diplôme de notaire
DS : diplôme supérieur du notariat

13 Aix-en-Provence CFPN
25, av. Poncet 04 42 24 82 30
Pr reconnu DN www.cfpn13.fr

13 Aix-en-Provence UFR DSP
3, av. R. Schuman 04 42 17 28 00
Public DS facdedroit.univ-amu.fr

14 Caen UFR de droit et sciences politiques Esplanade de la Paix 02 31 56 54 83 **Public DS www.unicaen.fr/droit**

21 Dijon UFR de droit et science politique 4, bd Gabriel 03 80 39 56 00 **Public DS ufr-juridique.u-bourgogne.fr**

31 Toulouse Institut des métiers du notariat 2, rue du Doyen Gabriel-Marty 05 61 23 22 91 **Pr reconnu DN, DS www.ecoledenotariat-toulouse.fr**

33 Bordeaux Institut des métiers du notariat et CFP des notaires 7, rue Mably 05 56 48 69 60 **Pr reconnu DN www.cnepn.fr**

33 Pessac Faculté de droit et science politique Av. L. Duguit 05 56 84 85 10 **Public DS www.u-bordeaux.fr**

34 Montpellier UFR de droit et sciences sociales 39, rue de l'Université 04 67 61 54 00 **Public DS www.umontpellier.fr**

35 Rennes Centre de formation professionnelle notariale 2, mail Anne-Catherine 02 99 65 00 21 **Pr reconnu DN www.cfpn-rennes-angers.fr**

35 Rennes Faculté de droit et de science politique
9, rue J. Macé 02 23 23 76 76 **Public DS www.droit.univ-rennes1.fr**

38 Saint-Martin-d'Hères Faculté de droit 1133, rue des Résidences 04 76 82 55 01 **Public DS droit.upmf-grenoble.fr**

54 Nancy CFPN
22, rue de la Ravinelle 03 83 35 83 55
Pr reconnu DN www.cnepn.fr

54 Nancy UFR droit, sciences économiques et gestion 13, pl. Carnot 03 54 50 44 00 **Public DS fac-droit.univ-lorraine.fr**
59 Lille CFPN 9, rue de Puebla 03 28 38 86 26 **Pr reconnu DN, DS www.cfpn-lille.notaires.fr**
63 Clermont-Ferrand CFPN 26, av. L. Blum 04 73 17 77 60 **Pr Sc DS www.cnepn.fr**
63 Clermont-Ferrand École de droit 41, bd F. Mitterrand 04 73 17 76 00 **Public DS droit.u-clermont1.fr**
67 Strasbourg CFPN 2, rue des Juifs 03 88 23 40 31 **Pr reconnu DN www.cir-colmar-metz.notaires.fr**
67 Strasbourg Faculté de droit, de sciences politiques et de gestion 1, pl. d'Athènes 03 68 85 88 29 **Public DS droit.unistra.fr**
69 Lyon CFPN 18, rue Chevreul 04 78 78 74 77 **Pr reconnu DN www.centre-formation-notaire.org**
69 Lyon Faculté de droit 15, quai C. Bernard 04 78 78 71 36 **Public DS facdedroit.univ-lyon3.fr**
75 Paris CFPNP 10, rue Traversière 01 43 46 24 09 **Pr reconnu DN**
75 Paris UFR 05 droit des affaires 12, pl. du Panthéon 01 44 07 77 35 **Public DS www.univ-paris1.fr/ufr/ufr05**

ÉCOLE NATIONALE D'ADMINISTRATION PÉNITENTIAIRE (ENAP)

47 Agen Enap 440, avenue Michel-Serres 05 53 98 98 98 **Public www.enap.justice.fr**
- Formation de conseiller pénitentiaire d'insertion et de probation. Durée : 1 an. Admission : formation professionnelle accessible après concours avec bac + 2.
- Formation de directeur des services pénitentiaires (directeur de prison). Durée : 2 ans. Admission : formation professionnelle accessible après concours avec bac + 3.
- Formation de lieutenant pénitentiaire (Enap). Durée : 1 an. Admission : concours avec bac + 2.

ÉCOLE NATIONALE DE LA MAGISTRATURE (ENM)

33 Bordeaux ENM 10, rue des Frères Bonie 05 56 00 10 10 **Public www.enm.justice.fr**
- Formation des magistrats. Durée : 31 mois. Admission : concours après un M1 en droit.

ÉCOLE NATIONALE DES GREFFES (ENG)

21 Dijon École nationale des greffes 5, bd de la Marne 03 80 60 56 00 **Public www.eng.justice.fr**
- Formation de greffier des services judiciaires. Durée : 18 mois. Admission : après réussite au concours de greffier accessible au niveau bac + 2.
- Formation de greffier en chef des services judiciaires. Durée : 18 mois. Admission : après réussite au concours de greffier en chef accessible au niveau licence ou diplôme équivalent.

ÉCOLE NATIONALE DE PROTECTION JUDICIAIRE DE LA JEUNESSE ROUBAIX (ENPJJ)

59 Roubaix 16, rue du Curoir 03 59 03 14 14 **Public www.enpjj.justice.fr**
- Formation d'éducateur de la protection judiciaire de la jeunesse. Durée : 2 ans. Admission : formation professionnelle accessible après réussite au concours d'éducateur de la PJJ avec bac + 2 ou équivalent.

ÉCOLE NATIONALE SUPÉRIEURE DE LA POLICE (ENSP)

69 Saint-Cyr-au-Mont-d'Or 9, rue Carnot 04 72 53 18 50 **Public www.ensp.interieur.gouv.fr**
- Formation de commissaire de police. Durée : 2 ans. Admission : concours avec master ou équivalent ; remplir les conditions physiques requises ; être de nationalité française ; avoir un casier judiciaire vierge.

77 Cannes-Écluse Rue Desiré-Thoison 01 64 69 35 00 **Public www.ensop.fr**
- Formation de lieutenant de police. Durée : 18 mois. Admission : concours avec bac + 3 ; remplir les conditions physiques requises ; être de nationalité française ; avoir un casier judiciaire vierge.

ÉCOLE DES OFFICIERS DE LA GENDARMERIE NATIONALE (EOGN)

77 Melun Av. du 13e dragons 01 64 14 33 00 **Public www.gendarmerie.interieur.gouv.fr/eogn**
- Formation de gendarme-enquêteur. Durée : 2 ans. Admission en 1re année : concours sur épreuve, être de nationalité française, être âgé de 27 ans au plus au 1er janvier de l'année du concours, être titulaire d'un bac + 5, être physiquement et médicalement apte.

ÉCOLES DES AVOCATS (EDA)

13 Marseille École des avocats du Sud-Est 61, bd de la Blancarde 04 91 54 43 63 **Pr reconnu www.eda-sudest.fr**
31 Toulouse École des avocats du Sud-Ouest Pyrénées 35 C, bd des Récollets 05 61 53 06 99 **Pr reconnu www.ecoleavocats-toulouse.fr**
33 Bordeaux École des avocats Alienor 18-20, rue du Maréchal Joffre 05 56 52 39 63 **Pr reconnu www.crfpa-alienor.com**
34 Montpellier École des avocats du Centre Sud (Efacs) 14, rue M. de Serres 04 67 61 72 80 **Public www.avocats-efacs.com**
35 Bruz École des avocats du Grand Ouest Contour Antoine de Saint-Exupéry 02 99 67 46 67 **Public www.ecoleavocatsgrandouest.org**
59 Lille École des avocats du Nord-Ouest (Ixad) 1, pl. Déliot 03 20 90 77 32 **Public www.ixad.fr**
67 Strasbourg École des avocats du Grand Est (Erage) 4, rue Brûlée 03 88 14 19 00 **Pr reconnu www.erage.eu**
69 Villeurbanne École des avocats de Rhône-Alpes 20, rue Général Dayan 04 78 37 49 74 **Public www.edara.fr**
78 Viroflay École des avocats de Versailles (Hedac) 187, av. du Général Leclerc 01 39 51 38 20 **Public www.hedac.fr**
86 Poitiers École des avocats du Centre Ouest (Ecoa) 9, bd du Grand Cerf 05 49 88 22 11 **Public www.avocats-ecoa.org**
92 Issy-les-Moulineaux École des avocats de Paris (EFD) 1, rue Pierre-Antoine Berryer 01 80 22 01 53 **Public www.efb.fr**

SITES UTILES

Pour compléter votre information sur les activités, les métiers, les concours, etc.

SECTEUR ET EMPLOI

www.ado.justice.gouv.fr
Site du ministère de la Justice destiné aux jeunes et leur présentant les métiers et le fonctionnement de la justice en France.

www.carrieres-publiques.com
Calendrier des concours, annales, préparations, offres d'emploi et de stage de la fonction publique.

www.interieur.gouv.fr
Informations sur les métiers de la Police nationale (commissaire de police, lieutenant de police…).

www.justice.gouv.fr
Site du ministère de la Justice : organisation de la justice, statistiques, actualités…

www.lamyetudiant.fr
Site des éditions Lamy spécialisées dans l'édition juridique : actualités juridiques, offres de stage et d'emploi, fiches formations, fiches métiers, articles recrutement et métiers, etc.

www.legicite.com
Portail juridique indexant plus de 300 sites juridiques de droit français.

www.legifrance.gouv.fr
Site donnant accès à l'ensemble des textes du droit français et européen : Constitution, codes, lois, règlements, conventions, jurisprudence, etc.

www.lesmetiers.net
Site destiné aux 12-25 ans. Informations sur les métiers et les formations en Ile-de-France.

www.vie-publique.fr/decouverte-institutions/justice
Site présentant le fonctionnement de la justice en France.

PROFESSIONS

www.cnb.avocat.fr
Site du Conseil national des barreaux : informations sur la profession d'avocat et la formation.

www.commissaires-priseurs.com
Site de la Chambre nationale des commissaires-priseurs judiciaires de France. Informations sur le métier et la formation, offres de stage, offres d'emploi.

www.conferencedesbatonniers.com
Site de la Conférence des bâtonniers.

www.conseil-superieur-magistrature.fr
Site du Conseil supérieur de la magistrature : statut de la magistrature, organisation et fonctionnement, actualités…

www.huissier-justice.fr
Site de la Chambre nationale des huissiers de justice.

www.lesgreffiers.com
Site du Syndicat des greffiers de France.

www.metiers.justice.gouv.fr
Informations sur les métiers de la justice (métiers pénitentiaires, judiciaires, de la protection judiciaire de la jeunesse, fonctions support, métiers hors fonction publique), les écoles et les concours.

www.mouvement-jeune-notariat.fr
Site de l'association « Mouvement Jeune Notariat ».

www.notaires.fr
Site des notaires de France avec une rubrique sur les métiers et les formations.

www.ordre-avocats-cassation.fr
Site de l'Ordre des avocats au Conseil d'État et à la Cour de cassation. Accès à la profession d'avocat aux conseils.

www.paris.notaires.fr
Site de la Chambre des notaires de Paris.

www.uihj.com
Site de l'Union internationale des huissiers de justice.

www.village-justice.com
Réseau des étudiants et professionnels du droit : avocats, juristes d'entreprise, magistrats, notaires, huissiers, experts, consultants… Rubriques actualités juridiques, emploi, métiers du droit, formations initiales.

FORMATIONS

www.efb.fr
École de formation professionnelle des barreaux de la cour d'appel de Paris.

www.enap.justice.fr
École nationale d'administration pénitentiaire.

www.eng.justice.fr
École nationale des greffes.

www.enm.justice.fr
École nationale de la magistrature.

www.enpjj.justice.fr
École nationale de protection judiciaire de la jeunesse.

www.ensp.interieur.gouv.fr
École nationale supérieure de la police.

www.unjf.fr
Site de l'Université numérique juridique francophone : centre de ressources de référence des universités, facultés et centres de formation et d'enseignement souhaitant proposer des formations ouvertes et à distance dans les disciplines juridiques.

RESSOURCES ONISEP

Les pistes à explorer pour compléter votre information autour des métiers et des formations de la justice.

LES PUBLICATIONS

→ *Université*, 2015.
Un titre de la collection « Dossiers » pour bien réussir ses débuts à l'université. Comment aborder la 1re année de licence (L1) ? Avec un reportage dans une université francilienne, des conseils d'étudiants et d'experts, tout savoir pour bien choisir sa licence.

→ *Sciences Po*, 2015.
Un titre de la collection « Dossiers » pour tout comprendre sur les 10 instituts d'études politiques (IEP), leur mode de recrutement, les formations proposées et les débouchés. La partie sur les cycles masters présente tous les masters dispensés dans les IEP, notamment les masters en droit.

→ *Les métiers de la défense et de la sécurité publique*, 2012.
→ *Les métiers du social*, 2015.
Deux publications de la collection « Parcours » pour en savoir plus sur certains secteurs proches de la justice.

Ces documents peuvent être consultés au CDI des collèges et des lycées ou au CIO (centre d'information et d'orientation). Ils sont également en vente sur **www.onisep.fr/lalibrairie**.

LE SITE

onisep.fr

Pour aller plus loin sur les filières de formation évoquées dans cette publication et pour compléter votre carnet d'adresses des formations.

LES VIDÉOS

onisep tv

Quelques vidéos à découvrir autour des métiers de la justice sur **oniseptv.onisep.fr**.

UN SERVICE

mon orientation en ligne.fr

Vous avez encore des doutes après la lecture de cet ouvrage ? L'Onisep répond personnellement à vos questions. Trois moyens pour nous contacter : par courrier électronique *via* **monorientationenligne.fr** ; par tchat ; par téléphone au 01 77 77 12 25 (appel non surtaxé) ; du lundi au vendredi, de 10 h à 20 h en métropole.

Info+

Rencontrer un conseiller au CIO

Pour réfléchir à votre orientation et recevoir une information personnalisée, n'hésitez pas à prendre rendez-vous avec un conseiller d'orientation-psychologue dans le cadre de la permanence assurée dans les lycées publics ou auprès d'un centre d'information et d'orientation (CIO). Liste des 535 CIO sur **www.onisep.fr**.

LEXIQUE

Au fil de votre lecture, vous avez peut-être rencontré des termes que vous ne connaissez pas. Voici quelques définitions.

Accusé: personne renvoyée par les autorités judiciaires devant une cour d'assises pour répondre d'un crime. À ne pas confondre avec un prévenu.

Administration pénitentiaire: ensemble des moyens matériels et humains constituant le service public chargé d'assurer l'exécution des condamnations pénales, dans un but d'individualisation de la peine et dans le respect de la sécurité publique.

Amende: condamnation à payer au Trésor public une somme d'argent fixée par la loi.

Audience: moment de la procédure au cours duquel le juge ou le tribunal entend les parties et/ou leurs conseils.

Assises: voir cour d'assises.

Auxiliaire de justice: personne qui participe au fonctionnement quotidien du service public de la justice, sans être magistrat. Exemples: avocat, notaire...

Barreau: ensembles des avocats installés auprès d'un tribunal de grande instance.

Cabinet: bureau d'un avocat. À ne pas confondre avec une étude.

Charge: pour pouvoir exercer, les commissaires-priseurs judiciaires, les huissiers, les notaires sont titulaires d'une charge ou d'un office qu'ils doivent racheter seuls ou avec un (ou des) associé(s).

Comparution immédiate: permet au procureur de faire juger un prévenu immédiatement après sa garde à vue.

Condamné: détenu ayant été jugé coupable au terme d'un procès. À ne pas confondre avec celui qui est en détention provisoire.

Contravention: infraction punie par les tribunaux de police, à la différence des crimes et délits soumis au verdict des magistrats.

Cour d'appel: juridiction du second degré qui réexamine une affaire jugée précédemment par un tribunal et dont le verdict a été contesté.

Cour d'assises: juridiction compétente pour juger les crimes.

Cour de cassation: juridiction suprême **de l'ordre judiciaire qui assur**e le respect de l'exacte application des lois.

Créancier: personne à qui l'on doit de l'argent (ou un autre type de remboursement).

Crime: meurtre, viol... infraction la plus grave à la loi pénale pour laquelle une peine principale d'emprisonnement de 10 ans au minimum est encourue. Les auteurs de crime sont jugés par une cour d'assises.

Débat contradictoire: garantit à toutes les parties d'un procès qu'elles auront connaissance des faits et ne seront pas jugées sans avoir été appelées.

Débiteur: personne qui doit de l'argent à une autre.

Délibéré: moment pendant lequel les juges (et les jurés en cour d'assises) se retirent pour débattre et prendre la décision (jugement ou arrêt).

Délit: vol, violence... infraction pour laquelle une peine principale d'emprisonnement de 10 ans au maximum est encourue.

Déposition: témoignage pouvant être donné devant un policier ou un gendarme ainsi que devant un tribunal, une cour ou un magistrat (un juge d'instruction, par exemple).

Détention provisoire: placement en prison d'une personne mise en examen pour crime ou délit puni d'au moins 3 ans d'emprisonnement.

Détenu: personne privée de liberté. Il peut s'agir d'une personne mise en examen et placée en détention provisoire, ou d'un condamné.

Enquête judiciaire (ou préliminaire) : investigation effectuée par la police judiciaire pour rechercher les auteurs d'une infraction pénale et les conditions dans lesquelles elle a été commise.

Étude : bureau d'un notaire ou d'un huissier. À ne pas confondre avec un cabinet.

Garde à vue : privation de liberté décidée par un officier de police judiciaire (OPJ) pour maintenir à la disposition des enquêteurs le suspect d'un crime ou d'un délit puni par une peine de prison.

Garde des sceaux : ministre de la Justice.

Greffe : service composé de fonctionnaires (les greffiers) qui assistent les magistrats dans leur mission.

INPS : Institut national de police scientifique.

IRCGN : Institut de recherche criminelle de la Gendarmerie nationale.

Juridiction administrative : traite les recours adressés par un particulier contre la décision d'une administration ou d'un organisme privé chargé d'un service public.

Juridiction civile : juge les affaires dans lesquelles des intérêts privés sont en jeu. Les juridictions civiles tranchent les litiges (loyer, divorce, etc.) mais n'infligent pas de peine.

Juridiction pénale : chargée des infractions, c'est-à-dire les actes et les comportements que la société et la loi répriment (contraventions, délits, crimes).

Jurisprudence : ensemble des décisions de justice publiées qui interprètent et précisent le sens des textes de droit.

Inculpation : moment pendant lequel un juge d'instruction signifie à une personne qu'une information judiciaire est ouverte contre elle.

Infraction : comportement interdit par la loi et passible de sanctions pénales. On distingue trois catégories d'infractions selon la gravité et les peines encourues : les contraventions, les délits et les crimes.

Instruction : étape de la procédure pénale pendant laquelle un juge d'instruction enquête sur les faits en rassemblant les éléments relatifs à l'existence d'une infraction, à ses éventuels auteurs et aux circonstances dans lesquelles elle a été commise.

Interpellation : action de poser des questions à un individu lors d'un contrôle de police ou d'un interrogatoire.

Interrogatoire : ensemble des questions que pose un magistrat et des réponses que fait celui qui est entendu dans une affaire pénale ou civile.

Justiciable : personne responsable devant la justice, qui a des comptes à rendre.

Lieutenant, capitaine, commandant : différents grades d'officier de la Police nationale et de la Gendarmerie nationale.

Liquidation judiciaire : dissolution d'une société dont la poursuite de l'activité est impossible.

Magistrat du parquet (ou du ministère public) : désigne les procureurs de la République et leurs substituts chargés de la poursuite pénale. Ils dirigent l'activité des officiers de police judiciaire auprès des tribunaux de grande instance. Auprès de la cour d'appel, cette mission est dévolue aux procureurs généraux,

Info

Les données salaires utilisées dans cette publication proviennent de différentes sources. Elles concernent le plus souvent le salaire des débutants. Selon les cas, les salaires sont exprimés en brut (avant prélèvement des cotisations sociales) ou en net (somme que le salarié touche à la fin du mois).
Pour aider au repérage :

- Salaire équivalent au Smic : soit 1460 € brut ou 1140 € net en 2015.
- Salaire intermédiaire pour le secteur.
- Parmi les hauts salaires du secteur.
- Parmi les très hauts salaires du secteur.

à leurs substituts et aux avocats généraux.

Magistrat du siège: désigne les juges qui rendent la justice sous forme d'ordonnances, de jugements ou d'arrêts.

Mise en examen: décision prise par le juge d'instruction de faire porter ses investigations sur une personne soupçonnée d'avoir commis un crime ou un délit, compte tenu des charges qui pèsent sur elle. La personne mise en examen a le droit d'être assistée d'un avocat.

Non-lieu: signifie que le juge renonce à envoyer la ou les personnes mises en examen devant un tribunal.

Officier de police judiciaire (OPJ): la police judiciaire est chargée de constater les infractions, de rassembler les preuves et d'en chercher les auteurs. Ses membres sont des fonctionnaires dotés de la qualité d'officier ou d'agent de police judiciaire. Tous les policiers ne sont donc pas chargés d'une mission de police judiciaire, et la police judiciaire n'est pas uniquement composée de policiers. Certains gendarmes, parmi les officiers, sont OPJ.

Officier ministériel: professionnel de la justice (huissier, commissaire-priseur judiciaire, notaire) titulaire d'une charge et disposant d'un privilège pour exercer une activité qui constitue une tâche de service public. Ils font partie d'une catégorie plus vaste, les officiers publics, qui dressent les actes authentiques. Tous les officiers publics ne sont pas des officiers ministériels: les greffiers de cours et tribunaux sont des officiers publics, mais ne sont pas titulaires d'une charge.

Officier public: voir officier ministériel.

Parquet: voir magistrat du parquet.

Partie civile: personne victime d'une infraction qui met en mouvement l'action publique dans le cadre d'un procès pénal ou y participe pour réclamer la réparation de son préjudice.

Perquisition: encadrée par des règles précises, elle permet à un magistrat, à la police ou à la gendarmerie de rechercher des preuves et des documents au domicile d'une personne. Le mandat de perquisition n'existe pas en France.

PJJ: protection judiciaire de la jeunesse. Direction du ministère de la Justice chargée de la justice des mineurs.

Plaidoirie: exposé oral argumenté effectué par une personne concernée par un procès, ou par un avocat, devant un tribunal.

Présomption d'innocence: un individu, même suspecté d'avoir commis une infraction, ne peut être considéré comme coupable avant d'avoir été jugé tel par un tribunal.

Prévenu: personne qui fait l'objet de poursuites devant un tribunal correctionnel pour répondre d'un délit ou d'un crime. À ne pas confondre avec un accusé.

Procédure: ensemble des formalités à remplir pour agir devant un tribunal, avant, pendant et jusqu'à la fin d'un procès.

Procès: moment pendant lequel les juges procèdent à l'examen des faits dans le cadre d'un débat contradictoire afin de pouvoir décider en toute connaissance de cause.

Procès-verbal: rapport rédigé par un agent public pour rapporter des faits. Par exemple, compte-rendu d'une audition de témoin par un juge d'instruction.

Récidive: fait de commettre une nouvelle infraction après une condamnation.

Réquisitoire: exposé oral argumenté du substitut du procureur devant un tribunal justifiant la peine demandée à l'encontre du prévenu.

Siège: voir magistrat du siège.

Sursis: dispense sous condition la personne condamnée d'exécuter tout ou partie de la peine prononcée.

Suspect: personne soupçonnée d'avoir commis une infraction.

Témoin: personne entendue dans une procédure pénale sans être soupçonnée d'avoir commis des infractions.

Tribunal d'instance (TI): tribunal compétent pour tous les litiges d'un montant inférieur à 7 600 € et dans quelques domaines particuliers (loyers d'habitation, problèmes relatifs aux élections, saisies des rémunérations du travail...).

Tribunal de grande instance (TGI) : tribunal chargé des problèmes de droit de la famille, des contrats et des actions en responsabilité.

Tribunal pour enfants : juridiction chargée de juger les délits commis par des mineurs.

Verdict : déclaration solennelle par laquelle la cour et le jury d'assises répondent aux questions qui sont posées à l'issue des débats et se prononcent sur la culpabilité de l'accusé.

LES SIGLES EN CLAIR

AES : (licence) administration économique et sociale

BTS : brevet de technicien supérieur

CAPA : certificat d'aptitude à la profession d'avocat

CFPN : centre de formation professionnelle notariale

Cned : Centre national d'enseignement à distance

CQP : certificat de qualification professionnelle

CRFPA : centre régional de formation professionnelle des avocats

DN : diplôme de notaire

DSN : diplôme supérieur de notariat

DUT : diplôme universitaire de technologie

EDA : école des avocats

Enap : École nationale d'administration pénitentiaire

ENG : École nationale des greffes

ENM : École nationale de la magistrature

ENP : École nationale de procédure

ENPJJ : École nationale de protection judiciaire de la jeunesse

ENSP : École nationale supérieure de la police

EOGN : École d'officiers de la Gendarmerie nationale

EPP : École de psychologues praticiens

ES : (bac) économique et social

Esit : École supérieure d'interprètes et de traducteurs

IEJ : institut d'études judiciaires. Rattaché à une université, il prépare aux examens et aux concours en parallèle du master.

IEP : institut d'études politiques

Isit : Institut de management et de communication interculturels (ex-Institut supérieur d'interprétation et de traduction)

IUT : institut universitaire de technologie

L : (bac) littéraire

L1 : 1re année de licence

L2 : 2e année de licence

L3 : 3e année de licence

LEA : langues étrangères appliquées

LLCER : langues, littératures et civilications étrangères et régionales

M1 : 1re année de master

M2 : 2de année de master

PACES : 1re année commune aux études de santé

S : (bac) scientifique

STAPS : sciences et techniques des activités physiques et sportives

STMG : (bac) sciences et technologies du management et de la gestion

STS : section de techniciens supérieurs

INDEX

J

L

M

N

P

R

S

T

U

onisep • **Office national d'information sur les enseignements et les professions** • **Ministère de l'Éducation nationale, de l'Enseignement supérieur et de la Recherche** • Publication de l'Onisep : © Onisep octobre 2015 • **Directeur de la publication :** George Asseraf • **Directrice adjointe de la publication :** Marie-Claude Gusto • **ÉDITIONS Cross-Média > Chef de département :** Élisabeth Gros • Adjointe print/numérique : Stéphanie Desmond-Simon • Rédaction en chef : Nelly Burgaleta • Rédaction : Olivia Audemar, Yves Bollet, Élodie Thivard, Audrey Weyman • Administration éditoriale : Christine Courtois • Secrétariat de rédaction : Clémence Niérat • Correction : Valérie Doineau • **RESSOURCES DOCUMENTAIRES > Chef de département :** Gilles Foubert • Documentation : Dominique Kanonidis • Ingénierie documentaire : Alexa Lecherbonnier • **FABRICATION > Chef de service :** Marie-Christine Jugeau • Photogravure : Key Graphic (Paris) • Imprimeur : Imprimerie de Champagne (52 Langres, France) • **STUDIO > Chef de service et direction artistique :** Bruno Delobelle • Maquette et mise en pages : Évelyne Delzescaux • Iconographie : Christelle Michelet • Reportage photo : Laurence Prat • Couverture : Cyril Lauret • **DIFFUSION ET COMMERCIALISATION >** Onisep VPC - 12, mail Barthélemy-Thimonnier, CS 10450 Lognes, 77437 Marne-la-Vallée Cedex 2 • Internet : onisep.fr/lalibrairie • Relations clients : service_clients@onisep.fr • Diffusion-distribution Belin : 27301234 • Code de diffusion Onisep : 901234 • ISSN : code collection 1765-9329 • ISBN papier : 978-2-273-01234-8 • ISBN numérique : 978-2-273-01244-7 • **PUBLICITÉ >** Mistral Média - 365, rue de Vaugirard - 75015 Paris • Tél. : 01 40 02 99 00 • Contacts : Directeur général : Luc Lehéricy (luc.lehericy@mistralmedia.fr) • Directeur commercial : Vivian Favro (vivian.favro@mistralmedia.fr) • Plan de classement Onisep : JUR 00 0000 • Le kiosque : Droit • Dépôt légal : octobre 2015 • Reproduction, même partielle, interdite sans accord préalable de l'Onisep.

PEFC 10-31-2009